杭黄高铁 一条美丽印象、绿色生态、璀璨人文、创新科技的黄金旅游路线！

覃志刚题

杭黄高铁创新设计丛书

印象杭黄

（YINXIANG HANG-HUANG）

中铁第四勘察设计院集团有限公司　著

丛书主编　光振雄　许国平

本书主编　王富华　许国平

中国铁道出版社有限公司

CHINA RAILWAY PUBLISHING HOUSE CO., LTD.

图书在版编目（CIP）数据

印象杭黄 / 中铁第四勘察设计院集团有限公司著 . — 北京：中国铁道出版社有限公司，2021.12

（杭黄高铁创新设计丛书）

ISBN 978-7-113-28470-1

Ⅰ. ①印… Ⅱ. ①中… Ⅲ. ①高速铁路-工程设计-研究-浙江②高速铁路-工程设计-研究-安徽 Ⅳ. ①U238

中国版本图书馆 CIP 数据核字 (2021) 第 208566 号

书　　名：**印象杭黄**
作　　者：中铁第四勘察设计院集团有限公司

策　　划：刘建华　王　淳
责任编辑：高　楠　　　编辑部电话：（010）51873347　　电子信箱：13522756157@163.com
封面设计：高博越
责任校对：孙　玫
责任印制：高春晓

出版发行：中国铁道出版社有限公司（100054，北京市西城区右安门西街 8 号）
网　　址：http://www.tdpress.com
印　　刷：北京盛通印刷股份有限公司
版　　次：2021 年 12 月第 1 版　2021 年 12 月第 1 次印刷
开　　本：889 mm × 1 194 mm　1/16　印张：13.75　字数：280 千
书　　号：ISBN 978-7-113-28470-1
定　　价：105.00 元

美丽杭黄
生态高铁

丛书编委会

本书编委会

主　编：王富华　许国平

副主编：南　天　黄伟利

参　编：张必武　高志亮　刘　妤　王　皓　陈远强

李　帅　王森荣　余　平　陈晓波　刘　锋

曹　龙　常　祥　任　蔼　王中南　蔡福全

吕　震　章　健　姚育青　田毅清

序

杭州至黄山高速铁路（简称杭黄高铁）位于浙江省和安徽省境内，是国家高速铁路网的重要组成部分。线路东起杭州东站，经浙江萧山、富阳、桐庐、建德、淳安，穿越浙皖交界的天目山脉，进入安徽绩溪、歙县，西至黄山北站，正线全长 287.5 km，设计时速 250 km。

杭黄高铁的建设，构筑了串联名城（杭州）、名江（富春江）、名湖（千岛湖）、名山（黄山）的“黄金旅游高铁线”，带来了“高铁 + 旅游”经济增长新动能，提升了沿线区域经济发展的核心竞争力。杭黄高铁经沪杭、杭甬高铁直通上海、宁波等长三角地区，形成运力强大、便捷高效、节能环保的快速客运网，可大幅提高区域交通运输能力和服务水平，杭州至黄山间旅行时间缩短至 1.5 h，比公路运输节省约一半时间，大大缩短了浙西、皖南与长三角地区的时空距离，惠及杭州、黄山及周边地区，对推动长三角一体化的高质量发展、促进沿线旅游资源开发和文化交流、推动区域经济协调发展具有重要意义。

历史久远的徽杭水道，是从徽州古城出发，由深渡古镇而东，沿着新安江、富春江直到“人间天堂”杭州。中铁第四勘察设计院集团有限公司的设计人员，自 2009 年就开始在徽杭水道周边大面积开展了方案研究工作，到 2018 年 12 月 25 日杭黄高铁全线开通运营，前后历经约十年时间。“十年磨一剑，砺得杭黄线”，设计和建设者为浙西皖南人民奉上了一条最美高铁旅游线，实现了“早上观黄山日出，晚上品西湖龙井”，悄然改变了千百年来杭州与黄山之间的时空格局。

杭黄高铁在设计、建设过程中，以“美丽杭黄、生态高铁”为建设总目标，贯彻“四季常绿、三季有花”的绿化设计理念，高标准建设铁路绿色通道。在探索“畅通融合、绿色温馨、经济艺术、智能便捷”的现代化铁路车站建设新理念过程中，充分融合了地域文化特色。按照“精品杭黄”的建设理念，精心设计、精心施工，在轨道工程、四电工程等方面，努力创新设计，改革施工工艺，解决了各类技术难题。杭黄高铁在铁路行业树立了“绿化、轨道、站房、四电、生产生活房屋、站区配套”六个标杆，并在开通后被国铁集团作为高铁建设的标杆项目，向全行业推广杭黄高铁在设计、建设、运营、竣工决算等全过程的经验。2019 年 9 月，杭黄铁路有限公司获得全国绿化委员会授予的“全国绿化模范单位”荣誉称号。

在中国国家铁路集团有限公司和地方政府路地双方的通力协作下，“最美高铁”——杭黄高铁已建成通车，实现“名山胜水一线牵”，它是一条美丽风景线、区域协作线、富民发展线。在杭黄高铁开通运营以后，中铁第四勘察设计院集团有限公司立即组织技术力量，对杭黄高铁进行全面系统的总结，以此为基础，编写了这套“杭黄高铁创新设计丛书”，包括《印象杭黄》《生态杭黄》《人文杭黄》《科技杭黄》四册，期望通过通俗易懂的语言、图文并茂的形式，全面展示杭黄高铁在美丽印象、绿色生态、璀璨人文、创新科技等方面的设计与建设成果，力求对有志于从事高速铁路工程设计、建设及管理的人员有所帮助。

凌汉东

2021 年 10 月

前言

坐最美的高铁，看最美的江南，遇见最美的人文，这是杭黄高铁建设者的初心。匠心筹谋，十年一剑。2018 年 12 月 25 日，杭黄高铁开通运营，一条汇聚了中国风情的美丽高铁正式上线。

杭黄高铁沿线风光极为秀美，东起名城杭州，西抵名山黄山，沿线以山川江河为脉络，将富春江、千岛湖、新安江沿途风景名胜尽揽入怀。沿线汇集了中国最美的都市、最美的县城、最美的农村、最美的山岳、最美的江河、最美的湖泊。一路上 7 个 5A 级景区、56 个 4A 级景区、14 个国家级森林公园，牵衣联袂而来，风光旖旎不绝于途。

杭黄高铁沿线不仅山川秀丽，而且文化灿烂，拥有惊艳世界的多重中国风元素：粉墙黛瓦马头墙的徽式建筑，师法自然的中国黄山画派，与藏文化、敦煌文化并驾齐驱的中国三大地域文化——徽州文化，以及洒满一江诗词的钱塘江诗路……众多璀璨多姿的中国文化，同台亮相于杭黄高铁沿线。

无数风流人物，或在这里修仙炼丹，如黄帝、浮丘公等；或在这里作诗填词，如李白、苏轼、白居易、柳永、李清照、孟浩然等历史上著名的大诗人；或在此作画，如黄公望、渐江、刘海粟、张大千等；或在这里隐居，如严子陵；或在这里览胜，如徐霞客。如此等等不胜枚举，给后人留下无数诗篇、画作及动人的故事。

杭黄高铁自身亦是一道靓丽的风景线。车站各有风姿，在建筑整体造型上，与自然环境及地方文化相融合；在室内装修上，将沿线的文化风情、历史人文收藏其间，使得旅客在出站入站之间，能够融入地方山水人文之中。

《印象杭黄》一书展现了杭黄高铁沿线的山河印象、生态印象、站房印象及沿线灿烂的文化印象，为读者提供一场由杭黄高铁为主线所呈现的视觉与人文盛宴。同时全书在知识架构上，增加沿线风景的地质成因、人文历史成因，以及高铁在选线、绿化、生态和站房文化艺术上的解读，让读者能够在欣赏风景与人文的同时，感受自然界的鬼斧神工及沿线人文的独特魅力。

本书编写过程中中国铁路上海局集团有限公司和沿线车站、段、所在现场调查、资料收集、无人机航飞摄影和实景照片拍摄等方面给予了大力支持和协助；杭黄铁路有限公司原总经理王志平、工程部俞峰、韩浩、孙萌等同志提供了翔实的建设过程影像及管理资料；杭黄高铁各施工单位提供了多项施工过程影像和文字资料；中国国学学会副主席吴艺红，浙江省摄影协会原主席吴宗其，绩溪县摄影协会主席唐祖怀，建德市摄影协会主席范胜利，摄影师姚育青，罗春晓等提供了大量精美的图片。中铁第四勘察设计院集团有限公司的全国工程勘察设计大师王玉泽，原总工程师朱丹，原院副总工程师何志工，宣传部陈泾宏、刘新红，上海分院肖伟，浙江分院孙敬伟等专家和领导给予了悉心指导和帮助，在此一并表示最衷心的感谢！

由于编者水平有限，不当之处在所难免，敬请读者批评指正。

作　者

2021 年 10 月

目 录

如何修建一条

世界级最美高铁

才不负祖国万里山河

不负中华千古才情

让国人于轻车简行间

可乘最美的高铁

可看最美的风景

可遇见最美的诗情与画境

答案或在《印象杭黄》

左一　游龙奔驰锦绣富春

左二　碧玉流春千岛湖站

左三　三江汇流古镇梅城

左四　曲苑风荷深情梁祝

右一　风帘翠幕绝美杭州

右二　云海览胜大美黄山

右三　万壑流翠碧湖千岛

右四　粉墙黛瓦古城徽州

第一章

美丽杭黄，人文锦绣山河美

杭黄高铁过绩溪风光 / 摄影 唐祖怀

01 杭黄高铁里的山河美

杭黄高铁沿神奇的北纬 30° 线，履两江一湖，牵杭州与黄山，收七十余处高颜值景区于一线。中国最美的大都市、最美的小县城、最美的小镇、最美的农村、最美的江河、最美的湖泊、最美的山岳，几乎都汇聚于杭黄一线，同台亮相，精彩纷呈。

沿线有最美的城市。大都市有被马可·波罗誉为“世界最美丽华贵之天城”的人间天堂杭州，小县城有中国最美县城桐庐，小镇有国际花园城市千岛湖镇。

沿线有最美的农村。粉墙黛瓦马头墙是国人心中最美的江南乡村印象，其间有桃花源里之

称的西递、宏村，更是被联合国官员赞为世界人们心中理想的精神家园。

沿线有最美的江河。有被李白赞为“人行明镜中，鸟度屏风里”的新安江；有入选中学生必背课文，美名传天下的富春江；有世界三大海潮之一，“天下壮观无”的钱塘江潮。

沿线有最美的湖泊。有“水光潋滟晴方好，山色空蒙雨亦奇。欲把西湖比西子，淡妆浓抹总相宜。”的西子湖；有世界三大千岛湖之首，被称为“天下第一秀水”的淳安千岛湖。

沿线有最美的山岳。东部有似仙灵所隐的灵隐山、天竺山及西湖周边充满灵秀的众多群山；中途有美名传天下的富春山及目视苍穹的天目山；西部有藏五岳神奇于一身，被认为“震旦国中第一奇山”的黄山。可谓二百八十余公里山川起伏跌宕，旖旎风光不绝于途。

是故，杭黄高铁沿线从城市到乡村，从山岳到江湖，在不同的风景类型中，均有中国最美的风景出镜，堪称风光旅游之饕餮盛宴！

杭黄高铁途经各站线路图

02 杭黄高铁里的人文美

杭黄高铁不仅有中国最美的风景，还有灿若织锦的中国文化。其中所蕴藏的中国风情和不朽的人文气质，是中国所独有的风华气质，而这种风华气质遍及杭黄高铁沿线。

例如国剧——京剧，即发源于徽州的徽剧。而中国影响力排名第二的戏曲——越剧，亦诞生于此，其中家喻户晓的《梁祝》片段，曾代表中国文化亮相于G20峰会文艺晚会，惊艳了世界。

又如国画——中国山水画。这一艺术瑰宝，蕴藏了中国人理解世界与自然的哲学与生活态度，外国友人只有经历了文化艺术熏陶，或亲临现场感受过，才能明白其中所藏的中国风情。正如美国景观设计专家帕西亚感叹："很多人是从中国画知道中国的，到了杭州才体会到中国画是怎么来的了；更妙的是，它竟然是你们生活的一部分。"

而令人赞叹的是，杭黄高铁沿线风景就是一幅山水画长卷。以此创作的画卷成为传奇，如黄公望所画的《富春山居图》，堪称无价国宝；其后又有前赴后继的国画大师，以黄山及新安江山水为师开宗立派，诞生了对中国山水画影响深远的黄山画派（又称新安画派）。

再如中国式建筑——徽州建筑，以其中国所独有的建筑造型及内藏东方美学的徽州三雕而频频被拍卖，甚至整栋漂洋过海，被美国博物馆所收藏，而这种徽式建筑遍及杭黄沿线。

还如与藏文化、敦煌文化并驾齐驱，被称为中国三大地域文化之一的徽州文化，素有“东南邹鲁”之称。即便在今天古徽州的古村、古镇，街头巷尾、古民居中，我们仍能感受到忠、孝、节、义等中华礼仪所带来的浓浓中国风。

还有灿若云霞的唐诗宋词，其云锦之句，寥寥数字便能勾勒出画境，尽显中国文字之美，令外国友人难以意会和言传。而这种云锦之句、美丽诗词，在杭黄高铁沿线有很多，于唯美的诗情画境之中潜移默化地传承着中国文化。

此外，传承中国文化的歙砚、徽墨、宣纸出现在沿线；街头巷尾流传已久的《白蛇传》《济公传》《梁祝》等众多享誉世界的非物质文化遗产，似文化遗珠般散落于杭黄高铁沿线，熠熠生辉。

如此多元又灿烂的中国文化，汇聚于杭黄高铁一线比翼争辉，让杭黄高铁成为一条极具中国风情的高速铁路。

西湖十景之一曲苑风荷上演的实景越剧《梁山伯与祝英台》《春江花月夜》等中国风场景 / 来源　图虫网

第二章

匠心筹谋，绘就最美中国风

千岛湖站，因势就形而建，镶于青山绿廊碧湖之间，有小桥流水人家相拥，如置田园诗情画境中。

01 匠心筹谋

当中国最美的山河，遇上最美的中国风，再经工程建设者的匠心筹谋、精心施工，会打造出怎样一条美丽的铁路呢？其间又经历了怎样的努力呢？

时间到了 2009 年，中国高铁网已是端倪初现，京沪高铁即将惊艳世界，速度与激情的大戏如海潮般奔涌而来。大时代浪潮中，杭黄高铁应运而生。

初心已定，如何筹谋摆在了面前。起初的时候，除了始发地、目的地以及与合福高铁并线的既有站已定，中间线路具体怎么走未定，只有宏观走向的北线方案和南线方案。

北线方案如走弓弦，从杭州经临安直取黄山，投资少、线路直。相较之下，南线方案如弓拉满月，投资大，线路长，桥隧多，工程复杂。但最终，杭黄高铁在经历了五年的勘察比选后，以串联更多的经济据点、为百姓谋更多的幸福为出发点，其间几经优化，最终落笔山河，选择了现在的南线方案。

杭黄高铁南线方案的确定，是应中国经济高速发展及人民日益增长的美好生活需要而来。这一方案让富阳、桐庐、建德、淳安告别了没有铁路的时代，并与安徽的绩溪、歙县、黄山相连，将两江一湖的风光线勾勒了出来。这条线路不仅风光极其秀丽多姿，而且文化也极尽灿烂辉煌。美丽的风景与灿烂的文化珠联璧合之下，将杭黄高铁打造成了一条具有中国风情怀的黄金旅游线路。

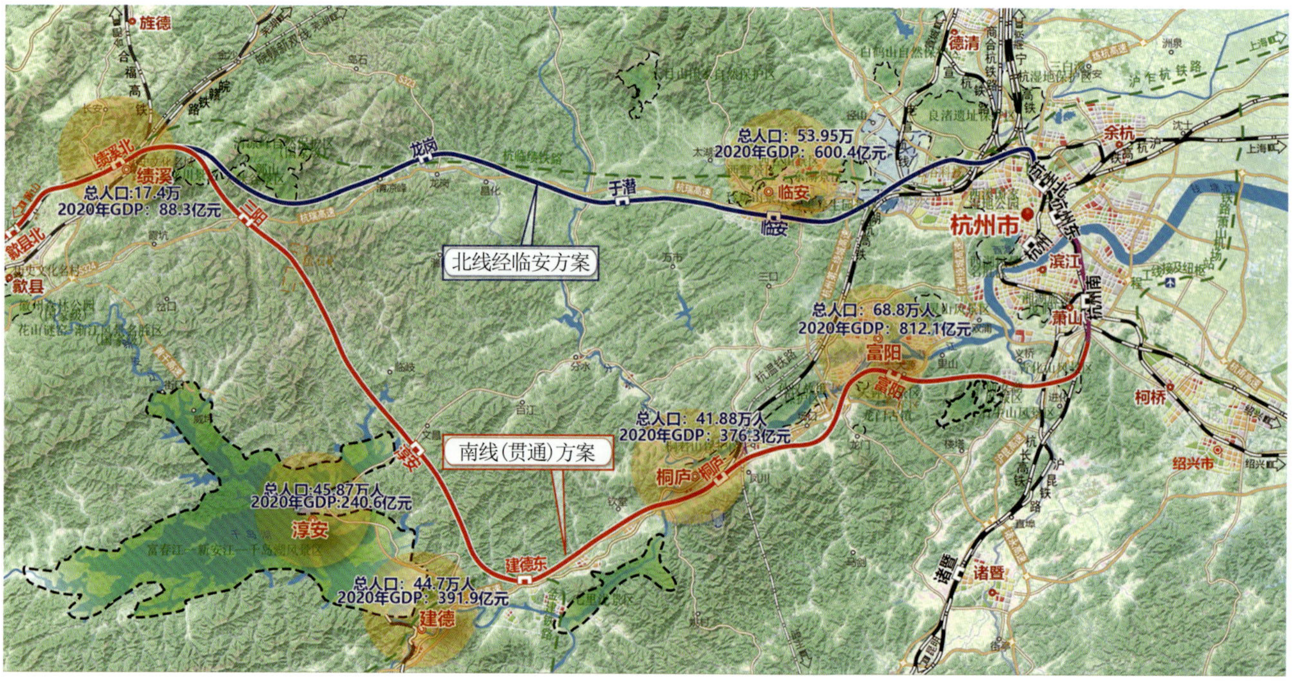

杭黄高铁北线方案与南线方案（贯通方案）

杭黄高铁走南线方案，经富阳站与桐庐站，让富春江、桐庐县、浙西诗路、富春山居图等诗乡画境进入杭黄高铁线。

杭黄高铁桐庐风光

建德梅城古镇（古为严州府）

经建德站，让千山拥古城的梅城古镇、七里扬帆、新叶古村、大慈岩等进入杭黄高铁线。

经千岛湖站，让天下第一秀水千岛湖进入杭黄高铁线，黄金旅游线路初现端倪。

经三阳站，三阳镇从十万大山之中脱困而出，进入杭黄高铁的怀抱。

落笔山河的杭黄高铁沿线会留下怎样的风姿呢？沿线又将以怎样的绿化与生态添其风姿，不失山河？沿途各站又会留下怎样的乡愁与美好印象？其外在的建筑形象与内在的装饰装修，又藏有怎样深刻的文化表达和山河寓意呢？为解其中意，不妨随杭黄高铁远行，去看一看沿途的山河印象、车站印象、人文印象。

右上图　千岛湖风光 / 摄影　范胜利

右下图　三阳镇万二村风光 / 摄影　田毅青

万二村斜倚在坡面上，层层叠叠，在驴友心中留下“小布达拉宫”的雅号

02 杭黄高铁的山河印象

杭黄高铁山河极为壮美，坐高铁驭风飞驰其间，犹如乘银蛇，跨蛟龙，有鲜衣怒马过山河的感觉，或驰骋于曾经江海争雄的冲积平原之上。

或奔行于河流阶地，沃野平畴之上 。

又或洞穿山岳，履浩荡山河为一马平川。

山河之上，有河流道路纵横其间，美丽村庄罗列两侧，远山奔涌前行，一番生机勃勃的盛世繁华景象。

乘杭黄高铁奔行于富春江上，江水如镜，城镇如画，远山如黛，道路夹于绿色之中，车流奔行于图画之间。

坐在如此美丽的高铁之上，你会看到美丽的村庄，青色的瓦、红色的顶，像花儿一样开在美丽的田野上。

右上图　杭黄高铁过富春江段风光

右下图　杭黄高铁建德段风光

左图底图　杭州西湖雷峰塔

03 杭黄高铁的生态印象

杭黄高铁沿线生态极佳，沿线最能感受到的生态绿化美来自路堑。于四季常绿中，有三季花开，于错落有致中，令风光值守四季。

或于边坡之上用灌木织成三色的锦缎。

或以草木织成花格子衬衫状，有如青春的模样。

或于青山绿水间，描一抹红唇的靓丽。

又或令边坡灌木排成整齐的队伍，似接受检阅的部队。

路基的美则隐藏于飞驰电掣的轮轨下，有如锦绣前程。

或似草色长堤般，延伸向远方。

杭黄高铁沿线的生态绿化，不欺青山，不欺秘境，深山里的隧道也一样青春靓丽。

汤青山隧道洞口犹如公园一角的绿化

隧道顶部的岩石边坡，在处理完岩面危石并重新锚固之后，以攀援植物让它重新焕发绿意盎然的青春气息。

石碣隧道出口裸露岩壁上重新生出的绿色

当隧道和路基、路堑相连时，被绿化打造之后，似一块新解的翡翠，绿意盎然养眼，有山林之气清新扑鼻。

隧道与路堑相连的绿化护坡

即便是弃渣场，也在生态高铁的感召下，被修复成绿水青山，成为风景。

窑柴坞隧道进口弃渣场生态修复

杭黄高铁沿两江一湖脉络行走，沿途江河溪流纵横，且多居民饮用水源，环水保压力大。如千岛湖水域，不仅是国家 5A 级景区，而且是杭州的饮用水源，农夫山泉的水源地之一，其水质优良，有“天下第一秀水”之称。

杭黄高铁过千岛湖水域

杭黄高铁行走在山清水秀的山河里，需要在建设前后及建设过程中都始终保持着绿水青山的清新模样。

进贤溪大桥施工过程

为此，既要在建设过程中，对可能造成水污染的钻孔、围堰、清渣等所有施工环节进行层层堵截。

富春江特大桥水中墩围堰施工

又要在建设完成以后，对桥下植被进行恢复，甚至是种树、植草，让墩身好似生长在绿地灌木之中。令桥梁从高空俯瞰，似以最美的姿态穿村走镇，又似以一路风姿闯荡于碧水青山密林之中。

杭黄高铁穿行于密林绿海

最美的生态绿化在车站的广场及车站生活区中，往往被芳草绿树装扮得有如公园一般，如桐庐站的站前广场，花团锦簇中像是一座大花园。

桐庐站花团锦簇的站前广场

广场里有绿色的假山、苍劲的古树和喷薄向上的喷泉雕塑。它们处在桐庐站的正对面成为屏风。

桐庐车站站前广场

广场中央有一处人工小湖泊，巨大的卵石散落其中，青青的水草生于岸边，有芬芳桃李，绿树杂花生岸。

桐庐站站前广场人工水池

广场的四周树木葱茏，有绿道曲径通幽，可供人回归自然，消遁旅途的疲劳。

桐庐站站前广场绿道

比车站广场更为幽静的是车站的生活区，如千岛湖站的生活区，犹如一座田园山庄。

千岛湖站生活区

走进去，有一种“庭院深深深几许”的感觉，而与之毗邻的千岛湖站候车厅仿佛掩映在亭台楼阁、花树之间。

千岛湖站生活区庭院

千岛湖站的生活区居于湖畔青山碧水之间，四周有小桥、流水、人家。

千岛湖站生活小区一角及周边环境

生活区的庭院里有小径弯弯曲曲，似要蜿蜒步入群山深处，与蓝天白云相接。

千岛湖站生活区小径

04 杭黄高铁车站的人文印象

杭黄高铁的每一座车站都堪称一景，尤其是为杭黄高铁新建的五座车站：富阳站、桐庐站、建德站、千岛湖站、三阳站。每一座车站的建筑造型均与天地自然相合，给人一种美的享受，成为地方风景人文的窗口。

建筑是凝固的艺术。一座车站就是一个城市的地标，承载着这座城市的光荣、骄傲与乡愁，是城市迎接天下商旅及游子归心的窗口。所以车站建筑造型往往寓意深厚，远远一望，便有感触。

如桐庐站，车站建筑造型融合了富春山水元素，整座车站形似起伏的山脉，与背后延绵的群山相合。桐庐站中间高两侧低，山形挺拔，匀称健美，左右两侧的站房好似波浪起伏的富春江水。

桐庐站风光

千岛湖站湛蓝色的玻璃幕墙如一湖碧水映蓝天。整座车站的房顶远看似一排排的民宿，连贯起来高低起伏，一个个尖尖的房顶在蓝色的瓦与蓝色的玻璃幕墙的衬托下，有如一座座出水的岛屿，其形象正与千岛湖暗合。

千岛湖站风光

车站的吊顶由万字福围绕圆形灯屏组成，万字福在徽州文化中寓意吉祥，在这里有祝福旅客一路平安的意思。且此处万字福又似万千溪流，注入中央似湖水般的圆形灯屏中，正合万千溪流归入千岛湖，福泽深厚之意。

千岛湖站万字福吊顶及圆形灯屏

即便是藏在万千崇山里的三阳小站，一幅迎客松壁画也是寓意深厚。三阳站是杭黄高铁进入安徽的第一站，作为古徽州的代表立于皖浙交界处，以迎客松的形象欢迎天下商旅做客古徽州。

三阳站内迎客松壁画

这种人文之美几乎遍布每座车站，如富阳站，一出站即是一幅巨大的，由混凝土铺就的富春山居图。对于家乡人，这是带不走的乡愁，对于旅行的人，这是天下最美的山水。

富阳站站前广场的富春山居图

05 杭黄高铁的科技印象

杭黄高铁沿线地质地貌多元复杂，或平原、或江河、或山林，杭黄高铁需在路桥隧之间不断的转换衔接。而这些路桥衔接段和路隧衔接段存在差异沉降，是天生的补丁处。

但杭黄高铁在波澜不惊之间，以 250 公里时速在有砟轨道上跑出了平稳与舒适，实现了轨道动态不平顺值（TQI）低于 2 mm 的目标，成为时速 250 公里有砟轨道新标杆。

杭黄高铁沿线山多地少，有些车站没有立锥之地，只能因地制宜，见招拆招。

比如千岛湖站，本就逼仄的地形还要被一条河流蜿蜒切割，让本不宽敞的地形更加受限，设计者在不改江河，不破坏生态的情况下，将候车厅藏在了大桥之下。

于是千岛湖站奇妙的景象出现了，旅客从正面看，是一座似地方民居般依山傍水、层次感鲜明的漂亮大站房。

若是跃入高空从正上方俯瞰，会发现整座车站只见站台和广场，却不见站房。

唯有从侧上方俯瞰，方知千岛湖站候车厅瞒天过海的藏于千岛湖站桥底下，与站台、高架桥融合一处，浑然一体。

右上图　杭黄高铁风姿

右下图　千岛湖站风光

再如三阳站处在两座隧道之间，空档长度只有约 641 米，还要被河流与道路分割包围，整座车站只能偏居一隅。

于是整座车站因形就势紧贴大桥而建，外观上仿佛悬挂于桥的一侧，势欲随时登车远行。

空间的不足，让部分站台伸入隧道之中，而整座车站从高空的一侧俯瞰，似乎是只见桥而不见站。

杭黄高铁在此间穿绿水青山来往，山还是那座山、河还是那条河，村也还是那座村。青山不改，绿水长流，而山里的人，已可轻车简行步入远方。

以上诸多印象只是美丽杭黄衣裳的一角，若是沿途一站站寻访，又会遇上怎样的山河印象、灿烂文化？不妨从杭州东站开始，去寻找“烟柳画桥，风帘翠幕杭州城”的山河人文之美。

右图（上、中、下） 三阳站

第三章

烟柳画桥，风帘翠幕杭州城

西湖十景之雷峰夕照 / 摄影　朱传茂

杭州，杭黄高铁的起点，自古就有人间天堂之称。马可·波罗赞誉杭州是“世界上最美丽华贵之天城”，作家陈祖芬曾说“走进杭州，就如同走进一幅织锦的国画长卷”。

约一千年前北宋词人柳永写了一首词《望海潮·东南形胜》，或许最能代表杭州的形象。据民间传闻，这首词的景象写得太过富贵繁华，以致引发了金朝侵宋战争。

望海潮·东南形胜

宋·柳永

东南形胜，三吴都会，钱塘自古繁华。烟柳画桥，风帘翠幕，参差十万人家。云树绕堤沙，

怒涛卷霜雪，天堑无涯。市列珠玑，户盈罗绮，竞豪奢。

重湖叠巘清嘉，有三秋桂子，十里荷花。羌管弄晴，菱歌泛夜，嬉嬉钓叟莲娃。千骑拥高牙，乘醉听箫鼓，吟赏烟霞。异日图将好景，归去凤池夸。

约千年后，这首词化身为杭州东站，为杭州广迎天下客。本章将顺其所为，以《望海潮·东南形胜》词句为线索章节，讲述杭州前世今生的旖旎风光与富贵繁华。

杭州西湖风光 / 摄影　杨国良

01 望海潮与杭州东站

杭州东站的建筑创意或许就来自宋词《望海潮·东南形胜》。惊涛拍岸的海浪寓意着这座城市的远古时代；荷塘藕秆的江南印象寓意着杭州的西湖时代；破波前行的巨轮寓意着杭州于新时代的浪潮里扬帆远航，从西湖时代驶向更为壮阔的钱塘江时代。

杭州东站 / 摄影：杨国良

车站四周的立柱、檐廊，似钱塘江潮起，波卷涛惊，暗合词中“云树绕堤沙，怒涛卷霜雪，天堑无涯”之意。波涛状立柱的顶面，散作荷叶状撑住顶棚。

候车厅内，三十六根形似藕秆的巨大立柱，斜挑起候车厅顶棚，屋面的天窗似荷塘，将“荷叶、藕秆”种种建筑造型连贯起来，正与“重湖叠巘清嘉……十里荷花”相合。

行走于车站的檐廊，看着四周似海浪惊起的立柱，犹如行走在一条巨轮的甲板上，令整座车站形如一艘破浪前行的巨轮。

右上图　进站口波卷涛惊的车站立柱

右中图　室内挑起顶棚的立柱似巨大的藕秆

右下图　供迎送车辆及旅客进出的悬廊似巨轮的甲板

杭州东站

12306
100支

02 云树绕堤沙，怒涛卷霜雪

《望海潮·东南形胜》中“云树绕堤沙，怒涛卷霜雪，天堑无涯”，说的就是杭州的前世风光。

时光倒流八千年，岁月的风将吹散杭州的一切繁华，所有的高楼大厦都将被抹平，重归大海。或许曹操的一首《观沧海》，才最符合杭州当时的景象“水何澹澹，山岛竦峙。树木丛生，百草丰茂。”

草蛇灰线，伏脉千里，历史总是有迹可寻。走进杭州博物馆，开篇即是“江海故地”，诉说杭州的沧海往事。

约八千年前，世界最早的独木舟，出没于杭州的烟波里。杭州的跨湖桥遗址中发现了迄今为止人类最早的独木舟。

约四千六百年前，繁华的余杭区，曾“溪壑萦回”，需“造航以渡”，大禹曾途经这里去会稽山会盟诸侯，于是留下地名禹航，谐音余杭，即今日杭州的余杭区。

约两千二百年前，宝石山下繁华处，秦始皇曾临江眺望，波涛汹涌，无处可渡，只得西行一百二十里，从富阳至桐庐一带狭窄处过。如今，宝石山下还留有秦皇系缆石。

约一千九百年前，杭州还是山中的钱塘小县，西湖刚刚诞生不久，须直面大海的侵袭，华信筑塘才将西湖与大海分开。杭州博物馆中就有这一段历史的记载。

那么，是什么令沧海变桑田，让杭州从江海故地脱困而出，并最终云树绕堤沙，成为世界上最美丽华贵之天城的呢？

是江海争雄的烟波往事。可以这样说，世间万物没有谁是时间的对手，只要机缘合适，时间足够的长，就可以令沧海成桑田。而杭州变江海故地为桑田的机缘，来自钱塘江与杭州湾。

钱塘江每年要从沿途携亿万泥沙来访，途经杭州并东倾大海，但是却在杭州湾入海口处，遇到了海潮的强势阻击。

杭州湾从高空俯瞰，犹如一朵蓝色的牵牛花，嵌入沿海陆地之中，只是这牵牛花太过宏大，盛开的花瓣最宽处可达一百公里，有鲸吞群岛之势。而牵牛花的根蒂又太过狭窄，急速收缩成细细一线，只有约数公里之宽。

当钱塘江携沿途带来的泥沙下东海之时，每至晨昏都会受到海潮的阻击。从大海涌来的海潮，受到急剧收缩的海岸线的约束，海潮不断被推高，势要与钱塘江争雄，令钱塘江水倒流。

尤其是每年农历八月十八左右，太阳、月亮、地球几乎处在同一条线上时，日月同心合力将海水吸引的更高。而此时又正值东南风盛行之季，风向与海潮推进的方向大体一致。

海潮乘风势推波助澜，又遇到钱塘江底如坎坡一样的地势，于是后浪催着前浪跑，层层巨浪叠加，最终形成的惊涛似万马奔腾，巨大的声浪似千军厮杀，形成了“天下壮观无”的钱塘江潮。

当钱塘江大潮起时，令钱塘江水倒流，激起江底泥沙，逆行数公里，将亿万泥沙弃于岸边堆成沙堆。曾有诗句描写钱塘江大潮造陆时的景象：“八月涛声吼地来，头高数丈触山回。须臾却入海门去，卷起沙堆似雪堆。”

就这样，一年三百六十五日，朝潮才去晚潮来，数百上千年从未停歇，以至西湖与大海分离，土地一片片地生长，钱塘江一寸寸地南移，并持续东进，最终令江海成滩涂。再经智慧勤劳的杭州人民一代代的捍海筑塘，耕耘建设，最终让江海故地变成了人间天堂。

曾经沧海的杭州城（左为西湖，右为钱塘江，中间一片曾经是沧海）**/ 摄影 田毅清**

03 重湖叠巘清嘉

苏东坡曾说过“杭州之有西湖，犹如人之于眉目，盖不可废也”，可见杭州倾国倾城之姿全在西湖风景区。

西湖风景区三面云山镶碧湖，跃上万米高空俯瞰杭州，西湖风景区六十余平方公里，犹如一座由上天打造、碧玉镶成、人工雕琢而成的大花园镶嵌在杭州。如此一处神仙居所，又是如何被上天打造出来的呢？

时间回到亿万年前，杭州还是一片大海。后来在地球板块的拼合撞击中，先后迎来了燕山运动和喜马拉雅山造山运动。运动波及杭州，于是杭州的两座山——宝石山和吴山，被带出海面。

这两座山是天目山脉伸入大海的最前沿，犹如两条绿色长臂探入大海，环抱西湖。但彼时漫长的岁月里，西湖仍与大海相连，等待时机独立成湖。

时间到了大约万年之前，钱塘江终于抵达了杭州，然此时的钱塘江就横在西湖的门口，与大海相连。彼时的杭州陆地沙滩出没于浩瀚的烟波之中，沧海横流是其本色。

而杭州湾独特的地形地貌，为杭州留下无限的机缘，以至万年光阴中，江海在此争雄。随着潮汐涌动，将无数的泥沙推来堆积在宝石山、吴山脚下。如此年复一年的努力下，吴山与宝石山两岸的泥沙渐渐合拢，将西湖封闭于内，与大海隔开。

又亏天工造化，在西湖地底暗埋了上百道渊泉。渊泉大约以每天三四十万方的水量，夜以继日地向西湖注水。慢慢地，淡水将海水替换。此后在自然状态下，整片西湖的水几乎一年一更替，始终保持着西湖的水清澈如许。

此时，若没有人力扶持，在岁月累积之下，西湖将在内外夹击中慢慢被山上和泉底携带而来的泥沙，及飓风海浪裹挟而来的海泥彻底堵死，或许在历史上存活的时间不过是一瞬间。

江山代有人才出！此后有前赴后继的人杰，带领杭州先民与天地相抗，或如华信、钱王捍海筑塘，又或如白居易、苏东坡疏浚西湖。

最幸运的是，领导西湖疏浚的是白居易、苏东坡，他俩都是历史上有名的大文豪，是极富诗情画意之人。西湖的淤泥被清理出来后，没有拿去肥田，而是就地解决堆成了白堤、苏堤和小瀛洲，令西湖出落的风流温婉，明艳动人。

西湖风景区的明艳动人远不止西湖一隅，也不限于重湖叠巘、三秋桂子、十里荷花，还有无限风流在三面云山之上。

西湖的山，东临大海，带有佛根。或灵隐山、天竺山，或宝石山、凤凰山，名山环列，无不云生雾绕，空气氤氲，隐隐似有仙灵所隐。

而分布于三面云山之上的植物，也仿佛都沾染了灵性，成了景点，气韵非同一般。如龙井问茶、六桥烟柳、九里云松、灵石樵歌、凤岭松涛、云栖竹径、满陇桂雨、九溪烟树、陇墩环碧、黄龙吐翠……

如此美景，不正是人间天堂吗？那么生活在其间，又会有怎样的诗情画意，又会培育出怎样的浪漫情怀呢？

宝石山上看西湖“重湖叠巘清嘉”/摄影　章健

04 羌管弄晴，菱歌泛夜

人间天堂的杭州，一年四季风光如画。春天，狮峰山下的龙井村，有漫坡的茶园，一山的空翠；夏天，五云山下云栖坞中，有白云栖居，碧波竹海；秋天，南高峰下满觉陇中，有桂花如雨，金雪世界；冬天，即便逢不上西湖的雪，也会有西溪的芦花飞雪，撩人思绪。

这样风月无边的景色，会孕育出怎样浪漫无边的生活场景呢？“羌管弄晴，菱歌泛夜，嬉嬉钓叟莲娃。”就反映了北宋时期的杭州市民生活，浪漫而富有诗情。若是诗人遇上杭州，寥寥几笔便是诗情画意。

如白居易的“山寺月中寻桂子，郡亭枕上看潮头。”又如陆游的“西湖二月游人稠，鲜车快马巷无留。”“小楼一夜听春雨，深巷明朝卖杏花。”

再如大文豪欧阳修，带上酒乘车数百里到杭州，只为在西湖画船之上好好买一场醉，以便酒后“稳泛平波任醉眠”，半梦半醒俯仰流连间，一会儿看天一会儿看水，感受“行云却在行舟下”“疑是湖中别有天”的美妙意境。

“千骑拥高牙，乘醉听箫鼓”写的是北宋时杭州一个生活片段，极为潇洒快意。

若是穿越历史，回到南宋时的杭州，会发现彼时的杭州每个月都有快乐的节日，场景如诗如画。如元宵灯会，四十里灯火不绝，城内百万人家。前街后巷，甚至是僻巷，一夜鱼龙舞，热闹非凡；又如二月花朝节，湖山游人至暮不绝；再如五六月入夏，夜晚泊船湖心，欢饮达旦；还如八月中秋节，游人婆娑于市，至晓不绝；到了冬季又乘骑湖边，看湖山雪景。杭州可以说十二个月，月月有习俗，月月情趣无限。

而其中最为盛大的习俗，当属钱塘江观潮。每年到了农历八月十八前后三天，钱塘江大潮起，仿佛整个杭州市的人都会倾城出动到江边观潮。彼时，江岸之上，珠翠罗绮满目，彩绣照江，百戏技艺及各种特色小吃悉数开张，热闹非凡。

再向江上看，惊涛中还有数百弄潮儿，披发文身，手执彩旗，站在潮头追逐浪涛，场面惊心动魄令人胆寒，豪民富客争赏财物。

待到弄潮儿兴尽晚归城，会成为全城的英雄，以至夜晚回城时，天街鼓乐齐鸣，如迎英雄凯旋。

这一场景被宋朝诗人潘阆写进了诗里：“长忆观潮，满郭人争江上望。来疑沧海尽成空，万面鼓声中。弄潮儿向涛头立，手把红旗旗不湿。别来几向梦中看，梦觉尚心寒。”

这种壮观刺激，热闹非凡的景象，一旦见过便永生追忆，念念不忘。如唐代大诗人白居易曾写道：“江南忆，最忆是杭州；山寺月中寻桂子，郡亭枕上看潮头。何日更重游？”

西湖曲苑风荷夜景 / 摄影　毛小报

05 吟赏烟霞

《望海潮·东南形胜》中的“吟赏烟霞”，应当是那个时候的唱诗作词、歌以咏兴。唐宋时期正是诗歌的年代，尤其是宋朝，凡有水井处必咏柳词。而水井即是指人烟，故有人烟处，必有人歌唱诗词，这是何等的风流！

西湖湖光山色之美，如诗如画。朝有苏堤春晓、宝石流霞；暮有南屏晚钟，雷峰夕照；夜有太虚幻境，三潭印月，又或是圆月当空，平湖秋月。

西湖如此意境非凡，正适合吟诗作赋，以至中国很多耳熟能详的诗篇都出自西湖，甚至不少诗词入选中小学课本，成为必背诗词。

所以西湖风景区是个十分适合带上孩子，携上诗书去研学，领略中国诗词美的地方。

在西湖的岸边走一走，就会进入诗画之中。或是你进入别人的画框，或是别人进入你的画框。移步换景之间，古典诗词随手拈来，入情入景。

或是在春天的时候，前一天夜里下了一场雨，等到一觉醒来，到西湖的苏堤上走一走，你会看到落花，听到鸟鸣，会想起《春晓》那首诗，果然是“春眠不觉晓，处处闻啼鸟。夜来风雨声，花落知多少。”

若是走在两行杨柳的白堤上，看到柳条在春风里飘摇，又会想起“碧玉妆成一树高”“二月春风似剪刀”。

若是此时，一阵春风起，将两行柳条吹向一边，就像是穿了一身绿色的草裙在风中舞，此时你又会想起白居易的那首诗“草绿裙腰一道斜”。

若是在雨后云生之时，在西湖的岸边站一站，看三面云山绕西湖，又会想起“乱峰围绕水平铺”“水面初平云脚低”。

或是徘徊在曲院风荷的亭台楼阁之间，转珠阁是“接天莲叶无穷碧，映日荷花别样红”，低绮户又是“疏影横斜水清浅”，顾盼流连间“欲把西湖比西子，淡妆浓抹总相宜。”

左上图　西湖曲苑风荷春晓雨景 / 摄影　毛小报

左下图　西湖山色空蒙雨亦奇 / 摄影　毛小报

除却西湖，还有西溪。若是将西湖比作西子，那么西溪则是小家碧玉，一种更为淳朴的水乡田园之美。且以其人间净土、世外桃源的美，成为国家湿地公园中首个5A级景区。

从高空俯瞰，11.5平方公里的西溪，有70%的水域，溪流千折百回，一片片的水，连着一片片的地，不知是水包围了地，还是地隔开了水。

西溪的这种美带有野性，却又被收拾得齐齐整整，有一种红楼梦中大观园的感觉。而西溪湿地中景点的取名，也很有红楼梦大观园中结诗社的味道，比如秋芦飞雪、莲滩鹭影、洪园余韵、蒹葭泛月、渔村烟雨、曲水寻梅、高庄晨迹、河渚听曲等等。

实际上，有三十多位红学家一致认为，杭州与《红楼梦》有着密不可分的关系。著名红学研究家土默热老师更是认为，《红楼梦》不但与杭州有关，更与西溪湿地密不可分。

所以游玩西溪，要感受诗情画意之美，需要带上逛《红楼梦》里大观园的感觉，并且携几首田园诗而行。这样，充满野趣的田园诗便会扑面而来。

或是在春天的时候走过一处小桥，看见“小桥流水飞红”；若是遇上几户人家，看见“黄四娘家花满溪”；又或是在红楼梦的残影中触景生情，看见“寒塘渡鹤影，冷月葬花魂。”的诗境。

或是走过一片池塘的时候，听到鱼跃出水面的声音，转头望去，却没有看见鱼的影子，只看见水波漾起的涟漪和水底清晰可见的水藻，如同一面镜子一样。迟疑间，水塘边一只水鸟飞起，只留下几点飞鸿脚印，于是顿时明白了苏轼的一句词“鱼翻藻鉴，鹭点烟汀。”

然而杭州的诗不止有婉约的美，还有一股英雄气。你或可在岳王庙中想起那首《满江红》，感受“壮志饥餐胡虏肉，笑谈渴饮匈奴血。”的英雄热血。

这便是杭州的诗情画境啊！能在湖光山色之中，亭台楼阁之间，近距离地感受中华诗词之美，感受中国园林建筑之美，重温学生时代那些背诵过的经典诗词。试问天底下又有几座城能有这样的诗画意境！

左图 西溪湿地／摄影 田毅清

06 户盈罗绮，竞豪奢

《望海潮·东南形胜》上阕的结尾“市列珠玑，户盈罗绮，竞豪奢。”写的是杭州曾经的富贵风流。杭州的这种富贵风流，历朝历代相延续，而且一朝更比一朝强。

宋末元初的时候，马可·波罗曾赞杭州是“世界最美丽华贵之天城”。他曾在游记中写道：“南宋的皇宫，周围十里，可谓世界之最；其中一大殿，可容万人会餐之用。垣内的花园，可谓极世间华丽快乐之能事。”

南宋的杭州，作为世界上最繁华富庶国家的首都，有数以万计的各类店铺星罗棋布于大街小巷，且俱无空虚之屋，茶坊酒楼遍布全城，仅酒、盐、茶税收就占国家全部收入的百分之八十，可见南宋时的杭州有多富庶。

然而，温柔富贵终敌不过铁马弯刀，无尽的西湖歌舞中，都城伴随着南宋一同陨落。虽然

杭州作为都城的荣耀不在了，但杭州浪里漂金的富贵依旧继续。

在元朝中期的时候，西方著名旅行家鄂多立克旅行到了杭州，在他的《鄂多立克东游录》中称杭州是“天堂之城”，“世界最大、最高贵的城市，并且是最好的通商地”。

到了元朝末年的时候，来杭州游历的马里诺利在他的《奉使东方录》中说杭州是中国“最美丽、最伟大、最富裕、人口最稠密、最奇特、最有名”的城市。

到了明朝的时候，杭州的富庶更上一层楼。万历《钱塘县志》记载，那时的杭州城内有一条长达四十里的商业街区，市场上的货物应有尽有。那个时候的杭州经济发达，人们喜爱坐船、乘轿、旅游。明代杭州人张瀚曾这样评述杭州：“人情以放荡为快，世风以侈靡相高”，可见那个时候的杭州是多么的富庶豪奢。

今天的杭州，人口已越千万，富庶繁华超过了任何一个朝代。多年来，杭州摘取了能体现富庶、繁华的各项荣耀，如中国最具经济活力城市、中国十大最具幸福感城市等桂冠。

清明上河图 / 来源　汇图网

讲述的是北宋都城汴梁的风光，由此可联想南宋都城杭州曾经的富庶与繁华

07 东南形胜、钱塘自古繁华

《望海潮·东南形胜》中“东南形胜，三吴都会，钱塘自古繁华。”写的是杭州的如画山川，自古繁华。

杭州江山形胜，有三面云山镶碧湖。这三面云山极其秀丽，云生雾飞间似有仙灵所隐。这西湖同样极其秀丽，苏东坡曾这样赞杭州西湖：“天下西湖三十六，就中最好是杭州。”

她的左侧有京杭大运河，真正的“襟三江带五湖”，连接中国气势庞大的长江、黄河、淮河、

海河、钱塘江五大水系，又顺接太湖、洪泽湖、微山湖等众多湖区，在江河之中，成为仅次于长江的中国经济大动脉。

她的右侧是钱塘江，连两江带一湖，水碧山青画不如，人文风流，文化昌隆，一江诗词，并且奔达杭州，海潮壮观，气势极其磅礴。

她的前方东临大海，却又不直接面临大海，有如帝王居中坐。虽然面朝大海，却有杭州湾层层面屏，不直接面临海雨天风，却可以拥有万千气象于怀抱。出了杭州湾就是可通七大洲四大洋，衔接海上的丝绸之路，前途广阔。试问这样的江山形胜之都，天下又有几座城能与杭州比肩呢？

杭州京杭大运河拱宸桥 / 来源 图虫网

08 异日图将好景，归去凤池夸

往事越千年，江山更开阔。今天的杭州，繁华、富庶、美丽、高贵更胜当初。

于此盛世当抒豪情，可以学康熙游杭州，仗步登吴山之巅，左看西湖，右看钱塘江，横览八百里河山画图、千万家人间烟火。此处忆往昔，千秋岁月成烟波，沧海桑田生楼宇。往日钱江滩涂地，弹指十数年，变作星河耀新城。

于此豪情胜景，可否想起千秋诗作《望海潮·东南形胜》中“异日图将好景，归去凤池夸。”的诗句。当时作者柳永的意思是要等待时日，将这美丽又壮观的景色画出来，等回到京城升官时向人们夸耀。

真是令人感慨啊！曾经舟车劳顿车马慢的岁月，这么好的风景隔着千山万水，就算是京城显贵也难以企及，还需要有缘人途经杭州，等待时日将其美景画出来，才能够得以分享夸耀。

如今，千秋岁月成往事，在曾经的沧海沙滩、人间烟火之上，杭黄高铁就像一骑游龙往来于山河图画之中，游弋于两江一湖名城名山之间，不需要“异日图将好景”，只需轻车简行，就可于弹指间，与亲朋好友夸耀一路风情。

而这只不过是杭黄高铁的起手势，一路迤逦风景迎面来。她的下一站就是风光旖旎的富春江，是极具诗情画意的地方，古人曾在这里以诗词洒满江河，又以富春江两岸风光为场景，绘制了一幅千古名画——《富春山居图》。那么此间的壮丽山河与诗情画意又将以何方式步入富春江沿岸的富阳站、桐庐站、建德站呢？不妨以千古名篇《与朱元思书》展开奇山异水的富春江之旅。

第四章

奇山异水，天下独绝富春江

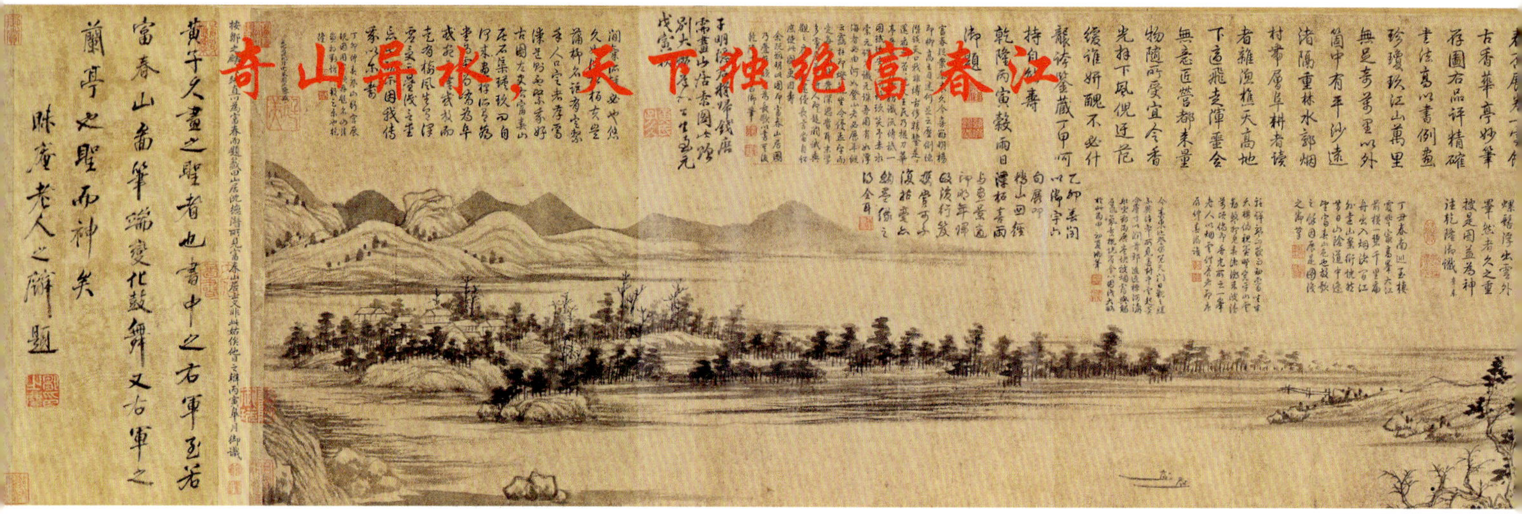

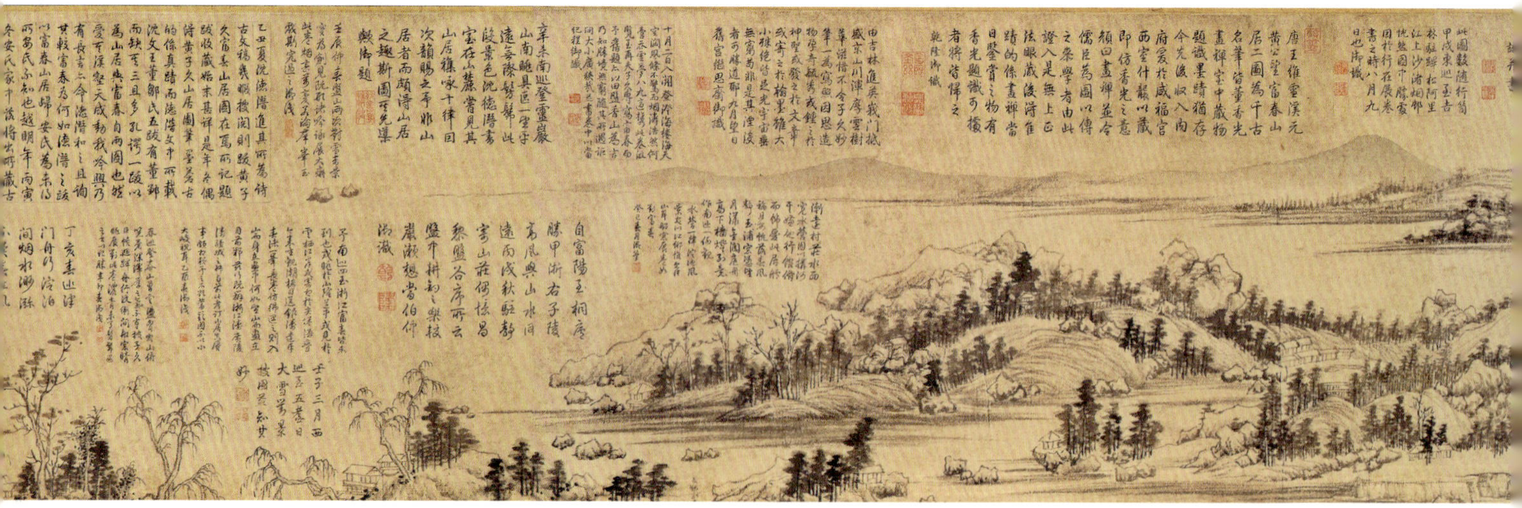

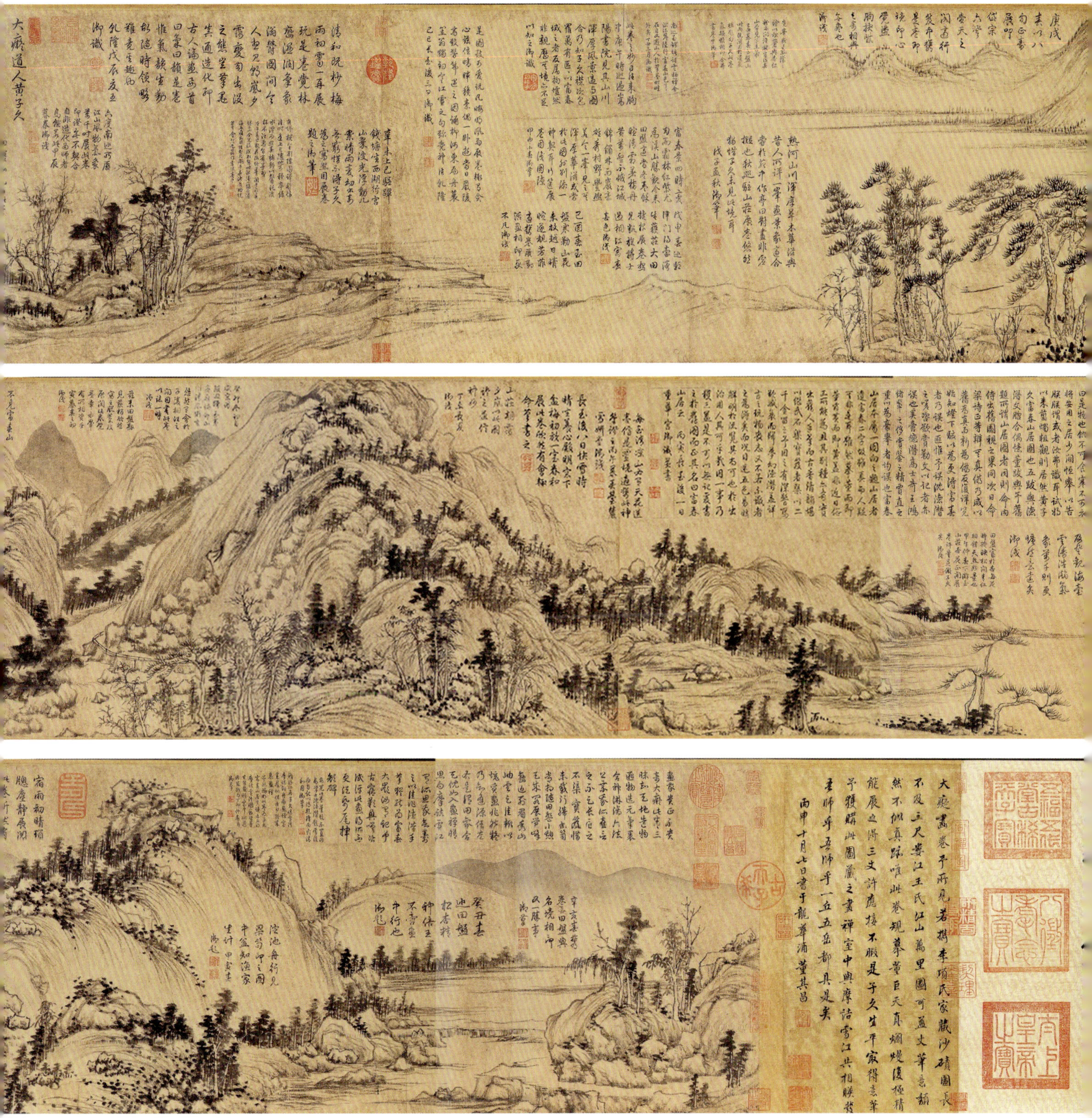

《富春山居图（子明卷）》/ 来源　汇图网

01 跃入画屏

杭黄高铁沿富春江而行，两岸山明水净，有“天下佳山水，古今推富春”之说。在古代，这里也是最适宜吟诗、作画的地方，因此有诗乡画境之称。

一千五百多年前，南北朝时期著名文学家吴钧途经富春江，将沿途所见风光及触景生情之感，写成一封书信《与朱元思书》送给好友。结果这封信因书中景色之秀丽、文采之斐然而流传千古，富春江的美丽也因之名满天下。

所以，要了解富春江沿途风光，需回顾初中语文课文《与朱元思书》。全文如下：

风烟俱净，天山共色。从流飘荡，任意东西。自富阳至桐庐一百许里，奇山异水，天下独绝。

水皆缥碧，千丈见底。游鱼细石，直视无碍。急湍甚箭，猛浪若奔。

夹岸高山，皆生寒树，负势竞上，互相轩邈，争高直指，千百成峰。泉水激石，泠泠作响；好鸟相鸣，嘤嘤成韵。蝉则千转不穷，猿则百叫无绝。鸢飞戾天者，望峰息心；经纶世务者，窥谷忘反。横柯上蔽，在昼犹昏；疏条交映，有时见日。

一方水土养一方人，这样美的富春江，正适合吟诗、作画、隐居，吸引了无数人杰前往。于是美丽的富春江两岸，便有了著名的浙西诗路、富春山居图及严子陵钓台。

如今，杭黄高铁要途经富春江两岸，会遇上怎样的美丽风景和璀璨人文呢？不妨随诗携画远行，去看奇山异水，天下独绝的富春江。

富阳富春江 / 摄影　姜志强

乘杭黄高铁从杭州东站出发，以250公里时速沿富春江一路西行，顿时跃入画屏。高铁奔行九分钟后抵达杭州南站。

杭州南站候车厅的正立面，像古代敞开大门做生意的商铺，由左右对开的十三扇朱红色巨型门板组成，寓意杭州敞开大门，欢迎五湖四海的朋友来杭州经商旅游，共谋发展。

出了杭州南站继续溯源，列车在山间、河谷、平畴之间，开启了桥隧相接的征程，一路上山明水净风光秀丽。如此奔行约十七分钟，车靠富阳站。

富阳站背山而居，造型古朴简洁，犹如结庐于此的古民居。站前广场有一巨型立幅《富春山居图》，其间的溪流拟作富春江，不禁令人遥想当年，黄公望结庐于此，整日与山私语，与江对话，于青山碧波中，创作出了千古名画《富春山居图》。

右上图　杭州南站
右下图　富阳站

杭州南站
RAILWAY STATION

富阳站

富阳站进站验票口两侧有两幅图，左边是《孙权故里》立幅石雕，右边是《富春山居》立幅石雕。它们于进站、候车、验票之间，告知天下旅客，富阳山美水美，人杰地灵。

《孙权故里》立幅石雕下方是一石牌坊。石牌坊上刻有龙门二字，走进去就是孙权故里——龙门古镇。古镇在龙门山下，而这座龙门山，是富阳最高的那座山，海拔 1067 米，又东临大海，故气象万千。

《孙权故里》石雕

《富春山居》石雕

龙门古镇 / 来源　汇图网

富阳至桐庐段，杭黄高铁像在两条并行山脉的谷地间穿行，时而洞穿隧道，时而与高速公路竞驰，时而又路过美丽的田野、村庄、城镇。

杭黄高铁 / 来源　图虫网

富春江山水和远处的城市，在两岸若隐若现，令人心动不已，有一种想要下车去探访的冲动。然而沿线风光秀丽多姿，你方唱罢我登场，令人眼花缭乱不知去往何处。

富春江风光

富阳至桐庐约十四分钟。桐庐站背靠大奇山公园，整座车站似山脉起伏，中间隆起似高山，两侧似山脉延绵，又似伏波流水，寓意富春江水。车站的设计灵感与“奇山异水，天下独绝”的富春江山水暗合。

桐庐站从高空俯瞰，犹如坐落在一座花团锦簇的大花园之中。这花园处处隐喻着富春山水，站房似富春山，广场似富春江。广场上的人行出入口、公交车站等附属结构，有的似“快艇”，有的似“游轮”，泊于河流江滩之上。

桐庐站处处风光处处景，车站广场似花园，徜徉其间有春风、碧水、芳林，一派世外桃源般的田园风光。

桐庐站广场一角

桐庐站鸟瞰图

“河流江滩”上有一山脉起伏状的条石，上写“中国最美县　潇洒桐庐郡”的招牌字样，向世人昭告着桐庐风光的美名。

桐庐站站前广场

候车大厅最引人注目的地方是检票口两侧墙壁上的两幅巨型浮雕。

一幅是《桐荫问道》图，讲的是当年桐君老人在桐树荫下为百姓看病的故事，告诉乡人及来往的商旅，桐庐县的荣光与来历。

据古史《世本》记载，桐君是黄帝的大臣，擅长本草，曾在美丽的富春江畔的一座山上结庐炼丹，悬壶济世，分文不收。乡人感念，问其姓名，老人不答，指桐为名，乡人遂称之为“桐君老人”，后世尊其为“中药鼻祖”。山也以“桐君”名，曰“桐君山”，后世称之为“药祖圣地”，县则称“桐庐县”。

另一幅是《子陵高风》图，讲的是东汉高士严子陵，隐居桐庐垂钓富春江的故事。

严子陵少年时就很有才气，与汉光武帝刘秀是同学好友，刘秀后来做了皇帝，回忆起少年往事，想起了严子陵，便多次征召其为谏议大臣。

严子陵婉言拒绝，并隐姓埋名隐居在桐庐富春江畔，垂钓碧波，终老山林。严子陵这种不慕权贵的精神被后世传颂引为榜样。

其后悠悠千年岁月中，许多文坛领袖著名诗人慕名来此，以诗文悼念严子陵，其中就有北宋名臣范仲淹写的“云山苍苍，江水泱泱，先生之风，山高水长！”此后，子陵高风名传千古。

千年之后，严子陵钓台成为国家 4A 级景区，如今，在杭黄高铁的加持下，四方慕名而来的游人络绎不绝。

下图左　《桐荫问道》图

《桐荫问道》图讲的是当年桐庐老人在桐树荫下为百姓看病的故事

下图右　《子陵高风》图

《子陵高风》图讲的是东汉高士严子陵隐居桐庐垂钓富春江的故事

从桐庐到建德，平畴渐少山渐多，列车穿梭在绿色大山之中，山色鳞次栉比而来，约十四分钟后，列车靠岸建德站。

建德站处在群山之中，四围青翠相拥。旅客步入站台的那一刻起，就如同步入大自然的怀抱。

身处自然之中的建德站造型简洁大方，红色的巨木撑起房顶，像是一栋大木屋，坐落在群山之中。

大木屋的建筑造型与周边的山色地形十分相合，换作别的造型倒会有一种格格不入的感觉。车站的广场、停车场辅以灌木丛林，看起来像是一座公园。

建德站

梅城古镇（古严州府）

建德古时又称严州，有千山拥古城之说，此处山势险峻陡峭，江河纵横汇聚，有新安江、兰江、富春江交汇于此，自古便是水陆要津，曾经“千车辚辚，百帆隐隐”，热闹非凡。建德站内悬挂的严州府石雕图，再现了当年严州府百帆隐隐，水陆要津的盛况。

古时严州府城墙沿江一段雉堞砌筑成梅花形，因此又名梅城，素有“天下梅花两朵半，北京一朵，南京一朵，严州（梅城）半朵”的美称。

建德三江口

古严州府（今梅城镇）北枕乌龙山，南临三江口，依山傍水，风光秀丽，历史悠久、人杰地灵，历史文化积淀深厚。中国著名的古典小说《水浒传》《儒林外史》《官场现形记》等都曾描述过古严州府的人文山水。历史上的风流人物杜牧、范仲淹、陆游、刘长卿都曾在此任职为官，诗人谢灵运、李白、孟浩然等都曾游历过古严州山水。

建德车站古严州府三江口石雕

建德险峻的高山，让这里有“一夫当关，万夫莫开”之势。于是因此地势之利，中国第一座自行设计，自行建造的大型水电站——新安江电站，坐落于此。

从此，中国开启了征服山川江河，建设大型水电站，令高峡出平湖的传奇之路。建德站内有一幅新安江水电站巨型石雕，记录了这一壮举。

杭黄高铁富春江两岸车站所藏的风光与人文已如此绚烂，若是沿富春江步入现实，我们又会遇见怎样诗情画意的殊丽风光呢？

右图　新安江电站实景图 / 摄影　田毅清

下图　建德站新安江水电站大坝石雕

02 富春江景

杭黄高铁沿线，或车站建筑，或站前广场，或内部装修，都藏有富春江两岸的山水人文，召唤人们去欣赏富春江两岸的诗情画意。

山水是天地文章，天目山余脉奔行于此，山势已颓，两岸的山不高但开阔，江平如镜，沙洲旷远。

沿富春江逆流而行，自富阳至建德一百一十公里水路，秀丽风光不胜枚举。山似碧玉簪，

水如琉璃镜。晴好天气，船行江面，如行天空之镜。

画风如《富春山居图》那样，山已成远山，沙洲辽阔，小船在这里会消失在茫茫烟水之中。意境如苏轼的诗所描绘的那样，“但远山长，云山乱，晓山青。”山长水远，意境辽阔幽远。

若是夕阳西下，有落霞入水，则犹如行驶在一片云霞之中。

富阳富春江景 / 来源 图虫网

富春江的中段桐庐县，有中国最美县之称，其美如诗所写“富春山下桐庐县，江水萦回千万峰。”荡舟其间“重重如画，曲曲如屏”，山光水色如诗所写“山明水嫩，潇洒桐庐郡，极目风烟无限景。”桐庐县的美享誉世界，以至美国《国家地理》杂志公布的2021年25个全球最佳旅行目的地，桐庐成为中国唯一入选目的地。

桐庐富春江 / 来源　图虫网

此处风光如南朝梁文学家吴均所写的著名山水小品《与朱元思书》所言“奇山异水，天下独绝。”畅游其间，或“风烟俱净，天山共色。”或“水皆缥碧，千丈见底。”

桐庐县城风光

在这样清澈如镜的江面上行舟，可以“朝看江上烟”。

新安江晨雾 / 来源 图虫网

晚看“空江明月白如雪”。

空江明月夜 / 来源 图虫网

富春江的终点建德段，山川纵横，气势磅礴，富春江、新安江、兰江，三江汇聚于此，有“一水连银汉，千山拥古城”之说。

建德新安江风光 / 摄影　范胜利

正因此，建德自古便是交通要津，有诗曾记录下这一盛景“灯火星星随水动，严州城外客船多。”

严州古城墙

当年千帆过客之中，孟浩然曾移舟至此，写下了那首著名的《宿建德江》：“移舟泊烟渚，日暮客愁新。野旷天低树，江清月近人。”

建德暮色新安江 / 来源　图虫网

千古风流过客已去，新安江水清澈依旧，船行其间，如推开层层琉璃。若逢雨后晨昏，江面升起薄雾，更是似梦如幻。

建德新安江

印象杭黄

如此山水盛景，又会培育出怎样的诗情画意呢？据统计，从晋朝到晚清的约一千六百年的时光里有一千多名诗人登临富春江。他们在此地留下上千首诗篇，铺就了一条锦绣诗路，这就是名贯古今的浙西诗路。

而这条诗路的文眼之处，便是严子陵钓台。曾经名震古今的大诗人李白、范仲淹、孟浩然、苏轼、陆游、李清照等都在此留诗怀古悼今。而这一文人盛景，便以巨幅石雕《子陵高风》悬挂在桐庐站验票口的右侧。

右图　严子陵钓鱼台 / 摄影　章健

富春江有诗乡画境之称，水碧山青画不如的自然风光，令两岸人家倍为家乡美而感到骄傲。也正因此，可以在建德站看到山环水绕的古严州石雕，可以在桐庐站看到富春江山水演化而来的站房与广场；更可以在富阳站看到巨幅的《富春山居图》及新《富春山居》石雕。

一幅《富春山居图》是富春江两岸人家抹不去的乡愁与骄傲，是无数游客慕名而来的传说，那么它究竟有怎样的传奇故事呢？

左图　严子陵钓鱼台 / 来源　图虫网

03《富春山居图》传奇

时间回到670多年前的元朝，有一位叫黄公望的古稀老人，只因游山玩水到富阳，偶尔看了一眼富春江山水，便彻底折服了，决意留下来作一幅《富春山居图》。

未曾想这一幅画竟成为中国十大名画之一，名列中国山水画之首，而黄公望也因此画名垂千古，成为中国山水画百代之师。

《富春山居图》高33厘米，长698厘米，是一幅长卷。这样的长卷在古代又称卧游图，可以躺在床上展开来慢慢地看。这幅画里藏着天地自然，人生跌宕，令人百看不厌，自诞生的那一天起便命途坎坷。

画这幅画的人必须参透天地穷通，阅尽人生坎坷，勘破世事红尘。关于这一点的理解，中国十大传世名画《千里江山图》《清明上河图》《富春山居图》放在一起对比非常明显，像极了人生的三个境界。

《千里江山图》是少年“见自己”，浩浩荡荡，名动天下。作者王希孟也正是如此，是北宋

天才少年，创作此画时年仅十八岁。

《清明上河图》是帝王“见众生”，烟火繁盛，人却渺小，有种人在中年，事业有成，于人生高处览众山小的感觉。

而《富春山居图》是人至黄昏“见天地”。作者黄公望创作这幅画时已是八十多岁了，经历了人生起伏，阅尽了人世沧桑，早已勘破世事荣华，内心已回归天地自然。

杭黄高铁富阳站之所以如此隆重推荐《富春山居图》，是因为这幅画创作于富阳并名动天下，且自从问世以来便命运多舛，随中国历史一起跌宕起伏，极具传奇色彩！

因历史原因，如今《富春山居图》一分为二，分居浙江、台湾两地，故此画藏着中国人的家国情怀！

但要真正懂得这幅画，需了解作者黄公望命运多舛，跌宕起伏的人生，仿佛他人生走的每一步都为了这幅画。

黄公望，本名陆坚，很小的时候就父母双亡。在他十岁左右的时候，过继给九十岁的黄姓老爷子继香火，改名黄公望。所以黄公望小时候有父母爱的日子不多。

富阳富春江 / 摄影　杨国良（图的左侧为黄公望博物馆）

黄公望小的时候就有神童的美誉，可惜怀才不遇，到了四十二岁的时候才谋得个小官。可是天意弄人，并没有就此高飞，反而在四年后，受上司牵连入了狱。

出狱时黄公望已五十岁了，妥妥的垂暮之年，但黄公望的精彩人生才刚刚开始。经历了牢狱之灾后的黄公望，放下了仕途念想，向新的人生莽原出发，他开始专心做自己喜欢的事——画画。没想到的是，他就此誉满天下，成为中国山水画百代之师。

为了领略山川之情韵变化，黄公望将所有的爱都赋予了山川，以至到了如痴如醉的地步，有时静坐山中望山，一望就是一整天，废寝忘食。

七十九岁那一年，黄公望来到了富春江，结果一见倾心，决定住下来不走了，要借这一方山水画一幅《富春山居图》。从此，黄公望每天忙得很，早出晚归，去看富春江山水，看烟云变幻，看江滩之胜。

四年以后，黄公望画成了《富春山居图》。他将这幅画送给了师弟无用，无用也因这幅画被带进了历史。《富春山居图》画成以后不久，黄公望就去世了，好像他这一生是专程为画《富春山居图》而来，前期所经历的人生坎坷，都是为了勘破世事，在画中见天地自然。此时，回过头来再看《富春山居图》，或许会略懂其中意。

《富春山居图》分为六个部分，画的是富春江的初秋景色，但却在初秋的富春山水中藏着

四季，藏着天地自然。画的前三部分大气磅礴，繁华葱茏，就像春天与夏天一样。

到了第四部分，就像进入了秋天，繁华落尽，肃静苍茫，但又像人生一样，等到山穷水尽的时候，峰回路转有白云生。

到了第五、第六部分，如同入了冬，山势已退成远山，笔的线描、墨的拖带交织在一起，一直延续到后面的大段留白中。近处是宽远的白沙，留白处两艘小船并行江中，船上渔夫也只是点景，微小的身影，渺小的生命，只剩下无穷无尽的天地。

《富春山居图》中一共八个景点人物，据说普通人只能看到五人。或许在晚年的黄公望看来，人要是融入了山川自然，就不需要被别人看到。人的一生，其实就是“也无风雨也无晴”，活给自己，又何须他人看到呢？

画中的渔夫、樵夫、读书人，也是可以角色互换的。因为在元代想通过读书改变命运是很难的，他们隐居山林，或为渔夫，或为樵夫，或走出去当官，其实归根结底都是一种人，只是命运不同罢了。

这幅画被后世称之为画中兰亭，与书法界王羲之的《兰亭序》比肩。然而画如人生，自流传于世后，便在尘世上兜兜转转，几经沉浮，经历跌宕起伏。

千里江山图片段 / 来源　汇图网

《千里江山图》是少年“见自己”，浩浩荡荡，名动天下

明末的时候，《富春山居图》几经转手到了著名收藏家吴洪裕的手中。他把这幅画看得比命还重要，清兵南下时，吴宁可舍弃万贯家财，也要带上这幅画逃走。他临死时想要烧了这幅画为自己陪葬，还好关键时侄子吴静庵赶到，一把将画从火盆里救出，但是这幅画已被烧成了两截。前半截为《剩山图》，后半截为《无用师卷》，但奇的是两幅画放到一起，却珠联璧合，毫无违合感，仿佛命中就有这一劫似的。

经历此难后，《剩山图》与《无用师卷》辗转于民间收藏家之手，长期湮没无闻。

乾隆年间，《无用师卷》的赝品与真迹先后进宫。赝品因先到一步，被乾隆奉若珍宝爱不释手，频频题跋落款。真迹因后到一步，为保乾隆颜面，明知是真迹却被打入冷宫，在皇宫中静静待了近两百年。1933 年，赝品和真迹与故宫其他万余箱珍贵文物一道颠沛流离至上海、南京，1949 年又随国民党军败退，辗转至台北故宫博物院。

《剩山图》则流入了民间，浮浮沉沉间不知辗转了几手，近代被画家吴湖帆收藏，后来他将《剩山图》捐献给了国家。1956 年，《剩山图》终于结束了漂泊生涯，来到浙江博物馆，成为“镇馆之宝”。

《剩山图》与《无用师卷》，在历史的烟尘中，就像一奶同胞失散于江湖，后来彼此知道音信，但却隔海相望。2011 年 6 月 1 日，在两岸共同推动下，《剩山图》与《富春山居图》在台北故宫博物院合璧展出，于是失散数百年后，两幅画卷终在台北故宫博物院匆匆见了一面，此后再度分离。

值得一提的是，当时浙江省博物馆根据惯例，在出借《剩山图》时还进行了投保，投保需要估价，经专家们评定，此画估价五百亿元人民币。《剩山图》与《无用师卷》合璧又会是什么价呢？无法评估，因为本就是无价之宝。

合璧了的《富春山居图》不仅仅是一幅画，里面承载了中国近七百年历史沉浮。如今，无数中国人祈愿两幅画合璧团圆，再也不分开。因为这份心愿的背后是祖国统一，是中华儿女骨肉团圆的心愿啊！

水碧山青画不如的富春江，孕育了璀璨的浙西诗路与中国第一山水画《富春山居图》。那么作为衔接两江的千岛湖，会以一湖秀水肤容、千岛罗列之姿，给我们带来怎样的美丽风光与精彩人文呢？而这些风光与人文，又会在千岛湖站中以怎样惊艳的方式折射出来呢？不妨乘高铁穿千山相访。

清明上河图片段 / 来源　汇图网

《清明上河图》是帝王“见众生”，烟火繁盛，人却渺小

第五章

千峰竞秀，万壑流碧千岛湖

千岛湖风光 / 摄影　范胜利

淳安千岛湖是杭黄高铁线上又一个国家5A级景区，它的上游是百里画廊新安江，它的下游是“奇山异水，天下独绝”的富春江，如果把这两条江比作两条龙的话，那么千岛湖就是两条龙之间的一颗明珠。

千岛湖原本是个千峰林立的地方，曾经有个别名叫“千峰郡”，清澈见底的新安江从千峰郡下穿过。

随着新安江水电站的横空出世，高峡出平湖，千峰成千岛。据测量统计，淳安千岛湖面积约573平方公里，大于3.75亩的岛屿有1078个，是世界三大千岛湖之一。

由于千岛湖是由清澈如镜的新安江汇聚而成，故千岛湖水质在中国大江大湖中名列前茅，是国家一级水体，有“天下第一秀水”之称。

那么汇聚一湖秀水，又拥千岛之姿的千岛湖，在杭黄高铁线上会有怎样璀璨的风姿呢？而这些美丽的风光又会在千岛湖站的设计建造中，以怎样的建筑寓意表现出来呢？不妨随杭黄高铁走进千岛湖站。

右图　千岛湖风光／摄影　范胜利

杭黄高铁的线路沿着两江一湖奔行，为了保护沿线江河的生态，整条线路与江湖之间，始终若即若离。

千岛湖站隐约可以看到千岛湖的一角。杭黄高铁途经时像是穿行在一片苍翠的山林中，桥下和两侧是溪流、道路、人家，偶一处湖光岛屿露出，像是流光一样一闪而逝。

千岛湖站，是一个建在“山边、湖边、溪边、桥边、村边”“山上、湖上、溪上、桥上、村上”的“五边、五上”车站，在高铁车站中独一无二。

其站前站后都是美丽的村庄，“一门登两第，百里足三元”的进士村就在其中，正应了淳安“锦山秀水，文献之邦”的美誉。

淳安千岛湖站风光 / 摄影　范胜利

千岛湖站的造型设计处处藏着水、岛、鱼、锦山秀水、文献之邦的寓意。尖尖的屋角、蓝色的瓦，寓意千岛浮出蓝色的湖面。

蓝色的玻璃幕墙，寓意波平如镜的湖水，妙的是对面一座秀丽的山映入其中，寓意千岛成倒影。红色的千岛湖 logo 标志，寓意淳安于新时代一路乘风破浪扬帆远航。

千岛湖站的广场石阶上，层层叠叠的人工水池上，有大大小小形似岛屿的人工石，寓意湖上千岛。

右图　千岛湖站实景图
下图一　千岛湖站玻璃幕墙 logo
下图二　千岛湖站站前广场造型图

侯车厅内有一长幅砖雕壁画，刻着淳安“锦山秀水，文献之邦”的故事，长幅砖雕中含有千岛湖万顷波涛、“天下为公”的画面，而“公”字的每一笔均由岛屿刻画而成。

此外，在千岛湖站中，大到候车厅万字福吊顶、小到门楣细节的装饰，再延伸到生活区园林绿化，无处不藏着文化。

那么走进现实，一湖秀水拥千岛，又会是怎样的风光呢？

右图 千岛湖岛屿自成“天下为公”的“公”字 / 摄影 吴宗其

下图 千岛湖站“锦山秀水，文献之邦”浮雕

淳安千岛湖的水非常的清澈，能见度可以达水下十二米之深，且每立方米水的含沙量仅0.007千克，是杭州市的备用饮水源，是农夫山泉的水源地之一。

淳安千岛湖的水到底有多清呢？在古时候，淳安曾有一个名称叫清溪，这里的水清胜过桐庐富春江。

李白曾写诗称赞：“清溪胜桐庐，水木有佳色。”“借问新安江，见底何如此？人行明镜中，鸟度屏风里。”

千余年以后，淳安清澈的溪流汇聚成万顷泉水的千岛湖。巨大的湖面就像是上天遗落在人间的一面巨大的琉璃镜，只是这面镜子像是打碎了一般，于缝隙中生出上千座岛屿。朝辉夕阴

间气象万千，水何澹澹中，有日月之行若出其中，有星汉灿烂若出其里。

千岛湖广约 580 平方公里，湖岸线长约 500 公里，有青翠群山蜿蜒围绕起伏，时有白云缭绕增辉。

走在湖滨绿道之上就像走在天池之周，而接杭黄高铁千岛湖站的一段绿道是其中最美。一面水色可见岛列其间，一面山光可见绿浪起伏。

千岛湖湖面上亦时常有雾气蒸腾，犹若通灵宝玉般灵气十足，光彩四溢。泛舟于湖上，就像船行驶在琼瑶天池之中。

千岛湖风光 / 摄影　范胜利

湖上大大小小的岛屿有上千座，其中面积超过 3.75 亩的岛屿有 1078 个。

群岛散落湖中，从高空俯瞰，就像上天打翻了翡翠盘，将绿色的珠子洒落在一片青波玉湖之中。

碧波中的绿色岛屿，或上百成群，或三五散居，彼此间或为远亲或为近邻，湖上岛屿，仿若各司其职，各有精彩。

有的竟自然默契，有意无意间组成一个天下为公的“公”字。

整个千岛湖的四周，在岁月中被起伏的湖水风蚀成金色的腰带，所以千岛湖又有“千岛、碧水、金腰带”之称。

千岛湖风光 / 摄影　范胜利

整个湖区分为东南、东北、西南、西北和中心五个湖区。其中以中心湖区最为精彩！这里湖面广阔，港汊密布，山城风貌与名胜古迹融为一体。

中心湖区又以排岭镇为中心，覆盖松城排岭、梅峰观岛、钟秀龙山、五龙岛、温馨岛、里阳龙岛等著名风景点。整个排岭镇，以火炉尖为制高点，海拔为 296.2 米，可俯瞰全镇，远眺中心湖区景色。

到了千岛湖，必至梅峰景区，有"不上梅峰观群岛，不识千岛真面目"之说，此处是千岛湖景观精粹所在。登临梅峰岛那一刻，这一感受便迎面扑来，码头的照壁上是郭沫若的手迹诗碑："西子三千个，群山已失高。峰峦成岛屿，平地卷波涛。"

沿梅峰岛两侧遍植青松的石阶而上，即来到松风岭。此处若遇湖风吹来，便会激起阵阵松涛，此时揽袖开怀，灌清风于长袖，听天籁之音震耳，岂不快哉！

经过松风岭，登上 204 米的山巅观景台。此处视野可一统江湖三百多个岛屿，有一种"会当凌梅峰，一览众岛小"的豪迈。

中心湖区的钟秀龙山，面积 525 亩，为千岛湖文兴龙脉之地。此处水下有当年淳安最高学府——石峡书院，岛上有龙山书院及海瑞祠。龙山海瑞祠为千岛湖必游之地。因海瑞曾任淳安知县，为官清正可与包拯同框，有"海青天"之称。

值得一提的是，当年县令吴天洪建海瑞祠时，将其建在了县衙对面，意为"登堂如见海先生"，以此缅古戒今。而这一举动也将其带入了历史。有趣的是，海瑞祠 1985 年重建时，被安排与淳安县政府隔水相望，历史与现实再次相合。

游人最爱去的或是温馨岛了！温馨岛不大，面积 55.3 亩，却是千岛湖的水上大世界。水上飞机、水上降落伞、水上摩托车、水上冲浪舰、水上自行车、情侣艇等水上娱乐设施应有尽有。岛上还有竹楼民俗表演厅，载歌载舞的民族风情表演，在这里或热烈或悠扬的上演。

温馨岛上的夜色更加浪漫美丽。岛上有一座座小木屋，可供旅客住宿休闲。一入夜，岛上霓虹闪烁，彩灯高悬，璨若星河，弥漫着浪漫温馨的节日氛围。

此外，还有像金庸小说《鹿鼎记》中所写“神龙岛”一样各具特色的岛屿，如五龙岛、蛇岛、鹿岛、猴岛、孔雀岛、灵猫岛，其中或以五龙岛为最佳。

五龙岛以中心岛、锁岛、鸟岛组成。岛与岛之间由状元桥、幸运桥、鱼乐桥三桥相连而成。可以在五龙岛的锁岛上一锁定情，海誓山盟，执子之手，天荒地老；也可以在鸟岛上赏鸟，或是在鱼乐桥上观鱼。

其他几个湖区的景观也是各逞异姿，或以自然景观胜出，或以人文胜出，或以民俗胜出，又或以险秀胜出。它们或已揭开面纱，或还待字闺中，其中种种姿容奇趣，就不在此一一列举了。

千岛湖温馨大酒店 / 来源　汇图网

淳安风流又何止于一湖。整个淳安县景区面积 780 平方公里，除却千岛湖景区，还有两百平方公里湖岸景区。这些景区列于湖的四周，青青的山脉犹如枝叶般沿着湖周伸展扩散，而淳安县城的城镇村落散居于这些枝脉之中。

一面是清波浩瀚，一面是绿山怀抱。小城不大，却是气质独特，风光无限。昼夜朝暮之间，均是气象万千，或蓝天白云，或湖光山色，或雨起云升。

家住淳安县，如住在天境。千岛湖四周的群山如盆沿一般，将一湖清澈的泉水纳入盆中，而人就住在盆的周沿上，与一湖浩渺的碧水相对，湖光山色尽收眼底。

一座小小的县城，风光已是如此明媚夺目。那么杭黄高铁线上有百里画廊之称的新安江和灿烂的徽州文化发源地绩溪，又有怎样的美丽风光和璀璨人文呢？在三阳车站及绩溪车站，又会有怎样依山就势的匠心表达和文化展现呢？

右上图　千岛湖文渊狮城风光 / 摄影　杨国良
20 世纪 50 年代末建新安江水电站时，大坝成千峰成千岛，蓄 178 亿立方米的水量将两座古城吞没，文渊狮城是其中一座。现在的文渊狮城是按古城中的两条街道 1∶1 仿制，保持着历史原有的风貌，为国家 4A 级景区。

右下图　千岛湖城市风光一角 / 摄影　范胜利

第六章

层峦叠嶂，百里画廊新安江

新安江上游风光 / 摄影　姚育青

美丽杭黄生态高铁

三阳站

01 层峦叠嶂越群山

列车穿过淳安千岛湖站后，便一头扎进群山之中，一路上长隧接短隧，偶有露头处，也是满目翠绿一闪而过。真是绿海翻波，延绵不休啊！

绿海驰骋约十七分钟后，列车驶入三阳镇。这是被郁达夫、林语堂盛赞的地方，列车可以在此小憩，于是建了一座车站。

三阳站，建筑面积约一千五百平方米，是典型的徽式民居建筑，其建筑造型与山川十分和谐。从高空俯瞰，只仿佛杭黄高铁，携来一座小山村，给这片大山增添了不少生气。

三阳镇实在太小了！地形又十分逼仄，所以车站只得挂在高架桥上，仿若随时欲随车远行。估计三阳人都没想到，十万大山围困，天高皇帝远，人口散落群山且只有 1.4 万人，居然有一座高铁站，搭载杭黄高铁专程为此而来。

这就是中国铁路的魅力吧！人民铁路为人民，不为利来，只为民往。不因地远而抛弃，不因人少而放弃，只为普天幸福，不辞艰辛！

或因有此感叹，三阳站上布设一组展示我国牵引机车发展历程的精美砖雕，以此抒怀地方民众之慨叹——大山之中换了人间。

三阳站牵引机车发展文化墙，记录着我国铁路机车从解放型号到复兴号的发展历程，也记录着我国从解放到复兴的伟大征程。下面截取文化墙的部分砖雕图，看中国铁路的发展与祖国的进步。

左上图　杭黄高铁穿越隧道、路堑、边坡
左下图　三阳站

1952 年解放型蒸汽机车出厂，我国不能自行生产火车头的历史，从此一去不复返！同年 6 月，成渝铁路建成通车，这是新中国成立后修建的第一条铁路，新中国从这里开启了以铁路征服山河的壮丽征程。

1956 年“前进型”蒸汽机车，是中国第一种自己设计的干线货运机车，其各项技术指标均达到蒸汽机车的先进水平，构造速度达到了 80 公里。这一年我国正从农业化国家向工业化国家阔步前进。

1958年“巨龙号”内燃机车，是中国第一台自己制造的内燃机车，命名“东风型”，寓意东风压倒西风，彼时东西方风云正激荡。

2002年“中华之星”电动车组，这是中国自行设计，拥有自主知识产权的高速电力动车组，在中国第一条铁路快速客运专线——秦沈客运专线创造了当时的“中国铁路第一速”321.5公里/时。该纪录直到CRH2列车2008年4月24日于京津客运专线上进行高速测试时才被打破。

2007 年 4 月和谐号动车组上线，这一年新增“D”字头的动车组，中国铁路第六次大提速正式开始。同年 12 月，首列国产时速 300 公里“和谐号”动车组下线。第二年，2008 年，时速 350 公里的京津城际开通，此后高铁动车组在中国各地相继开跑。

2017 年复兴号中国标准动车组上线，设计时速 350 公里。这是中国第一列具有完全自主知识产权、达到世界先进水平的动车组列车。同年底，全国高铁破 2.5 万公里，占世界高铁总量的 66.3%，三分天下有其二，是当之无愧的“世界冠军”。

如今，中国人的脚步从未如此轻盈便捷，如被十万崇山围困的三阳镇人，可以乘杭黄高铁远行，倏忽之间即可天地旷远。且建设过程中，乡愁依旧，山还是那座山，河还是那条河，只是多了一座高铁大桥和大桥边的一座徽式建筑，正如诗中所写的那样：“悄悄的我走了，正如我悄悄的来；我挥一挥衣袖，不带走一片云彩。”

三阳镇风光 / 来源 汇图网

车过三阳站后，列车再次潜行在“绿浪狂涛”之中，沿途的隧道口，仿佛掩入山林，整条线路绿色相连，几无杂色，生态怎一个“好”字了得。列车在绿海中穿行约十分钟后，仿佛进入桃花源一般豁然开朗，绩溪城已浮出绿海。

绩溪站靠山而居，站台与青山相接，边坡绿化犹若园林的镶边，花色葱茏中见徽式园林矮墙。

步出车站来到广场，回身望去，绩溪站房仿若汉代宫阙，倚山而建，蔚为壮观。中间仿若主殿，主殿上部的房顶，飞檐翘角，仿若与天争雄。

车站两厢四个角楼，仿若偏殿拱卫中央主殿。两侧角楼的正面，各有两块巨幅汉白玉石刻浮雕，分别是荷花与螃蟹、鸳鸯、虾子、青蛙构成的“和合文化”组图，分别寓意着社会要和谐、家庭要和美，人与人之间要和顺，世间万物要奏出和鸣之声。情趣盎然中，社会价值观立现。

绩溪站地势与山川气势极为相合，站后山脉有如龙行，站前远山延绵，亦如龙相随并行。无此建筑不足以镇山川。

右图　绩溪北站风光 / 摄影　唐祖怀

绩溪北站

广场两侧芳树成林，中间有一处花坛，花坛四周有十二只凤凰石刻浮雕，两两成对，团团飞舞于祥云牡丹之中，显得富贵祥瑞大气。

绩溪北站的进站口，由双层万字福浮雕嵌套于透明的玻璃幕墙中，显得通透大气，又寓意一路平安。

进站口两侧长廊各有七个进口，进口上方是宣纸纹路木雕门帘，下镶万字福垂边，寓意着书香世家门第。

左右两侧长廊的尽头，分别是社会主义核心价值观及中国梦的巨型宣传画。在通透的光线下显得尤为正气明亮。

进入候车厅。整个大厅的顶棚似一艘巨型龙舟的舱顶，而这舱顶又是由一周形似牛头的三十二个巨大木榫状结构物顶起，十分威武霸气。霸气的舱顶采光通透，令整个大厅看起来，像是一艘乘风破浪前行的巨舰。

此外，车站外供出租车进出站台的道路的两侧，整齐划一地排列着两排石制栏杆，栏杆上以徽州石雕工艺，雕刻着“梅栏竹菊”“和合文化”及成语故事等石雕。这哪里是车道走廊，分明就是一条艺术长廊啊！

绩溪北站全貌

绩溪北站斗拱及万字福云纹

绩溪北站船形候车大厅顶棚

02 山重水复村如画

从千岛湖至绩溪，一路行来千山万水，约半个小时车程。杭黄高铁也果不负最美高铁的名头，沿途尽是绿色相随，不见建设的痕迹，仿佛杭黄高铁天生地养般，与自然长在了一处。

如此美的一条铁路，如此美的一段车程，若是下高铁步入其间，又将是怎样一番美的感受呢？

若是跳入高空，俯瞰大地，你会发现绩溪是一座规模宏大至极，方圆可达百里的花园。花园里山重水复，有高山、峡谷、丘陵、平畴，136 条两公里以上河流奔泻其间，934 个村庄点缀其中。

行旅其间，你会看到美丽的风光，随山川走势变换，移步换景间跌宕起伏。最妙的是，诸多景色变换，竟然在百里方圆内发生，目不暇接。

在绩溪县城，你会看到在两条龙行山脉之间，围有一方平畴，其广阔可供参差十万人家居住。而绩溪北站恢宏，有若预示未来。

右图　绩溪登源河（新安江支流）/ 摄影　唐祖怀

乘车从绩溪北站出发，向着杭黄高铁来时的路奔行，两侧芳树、美庐、溪流相随，犹如游入画图之中。车行约八分钟，即可到仁里村——一座风俗淳美了一千四百年的古村，村名出自《论语·里仁》“里仁为美”。

此处距县城三公里，故有山，山不高，增秀而已；有水，水且秀，可见游鱼。妙的是，最大的登源河途经，在古代有如高速公路，并且还在此处拐了个弯，留下一片平畴沃野。

仁里村，古色古香与青山绿水融于一体，碧水草塘掩映在桃红柳绿之中，坎坷山道上有牛羊散步，是山村生活该有的古朴样子。

从仁里村出发，逆登源河沿着县道继续上行，一路上依旧风光如画。县道两侧山脉，犹如两条游龙嬉戏，时远时近，而村庄、田园、河流迤逦其间。行十一公里，约十七分钟后，便至名闻遐迩的5A级景点——绩溪龙川。

龙川村从高空俯瞰，仿若位于两龙交合处。而此处正似两龙灵气汇集之地，两头尖中间阔，有田园、美宅、河流于其间，真正的世外桃源人家。龙川之美在于地形山水之玄妙，在于辈出之英才尽是柱国之栋梁。

右上图　绩溪仁里村 / 摄影　唐祖怀

右下图　绩溪龙川 / 摄影　唐祖怀

龙川，曾出进士十一名且多大才。屹立村中的“奕世尚书坊”即是垂范。奕世者，一代接一代；尚书者，封建时代政府高官；坊者，彪炳千秋的功名牌坊。

奕世尚书坊所指的两位尚书是明代户部尚书胡富、兵部尚书胡宗宪，两人相差正好是60年——一甲子。

龙川奕世尚书坊

绩溪龙川胡宗宪故居

除锦绣山川、国之栋梁大才外，龙川村还有精美的艺术纷呈。有集雕工艺术、书法、历史价值于一体，堪称文物瑰宝的奕世尚书坊；有“木雕艺术博物馆”和“民族艺术殿堂”之称的江南第一祠——胡氏宗祠。此间文化之灿烂让人流连。

龙川龙凤街

绩溪龙川胡氏宗祠

离开龙川沿县道继续行走。过了龙川后，从高空俯瞰，两条山脉仿佛欲汇合一处。此时山形开始变得复杂，有些山环水绕，支流横生。这样行了十二分钟，约六公里，就到了太极湖村。此处正符合山环水复的特点，水流呈“S”形穿村而过，令整个村成阴阳两极相抱之势。

太极湖村鸟瞰图

村内山环水复间，众多古桥、古亭、古民居、古祠堂、古寺、千年古树，明代吟泉街，大型砖雕门楼群等，依山傍水而筑，逶迤伸展，宛如一幅立体的山水画卷。

太极湖村村头水口

从太极湖村出来后，继续向东北方向出发，此时会遇见一片较为开阔的土地，有田野村庄，杭黄高铁穿梭其间。这片开阔地，仿佛是群山渐起前的最后一次休息，越过后就山形收窄，渐起巍峨。

杭黄高铁穿过绩溪山间谷地

有些地方山似乎还没有抱成团，耸立如天宫般巨大的假山散落人间，而在这些假山之下会有缓坡和人家。这样一路行来，山川变幻多端，走了大约二十七公里，约四十二分钟，就到了梅干岭，这里是春季赏油菜花的好地方。小小的村庄，高高的山，村前山下缓坡梯田上，成片金黄色的油菜花，仿佛从山脚下倾泻而出，蔚为壮观。

绩溪梅干岭村

看过了从山里倾巢而出的油菜花后，继续前行 2.3 公里，约六分钟，就到了磡头村。山村已不知不觉从县城的海拔 170 米上升到一千米以上，离县城约四十五公里。磡头村虽地处偏远，又居深山，但却是一座历史悠久的文化古村，2019 年以其悠悠岁月入选第七批中国历史文化名村。

磡头村四面环山，给人一种白云生处有人家的感觉。从高空俯瞰，山村如一座座巨型山尖围绕四周，取名也都是各种“尖”，如饭甑尖、黄茅尖、门前岩、山云尖、台炮尖、磨刀石山，六山环持，替村庄托住了天空。

群山腹地，地势自坎坷。磡头村只能依山就势造房，石阶奇多，甚至有的房屋从门口到床上也须拾级而上，所以村名才叫“磡头”，有“磡头磡，上床三档磡”的民谣，可见其地形之跌宕起伏。

山中有云川溪，沿“S”形蜿蜒曲折奔泻而至，两岸有长长的水街，长约一公里，有十座桥将两岸连成一体。

村中最妙的和令人回味处，溪流村头村尾落差约三十米，相当于每隔百米落差约一层楼之高。于是溪流在桥下奔泻，如环佩叮咚作响，于阳光下清澈耀眼，可谓有声有色。

两岸花岗岩的石板铺街，牌坊、古祠、古老的房屋、深深的街巷、高高低低的石阶、上阶绿的苔痕，徜徉其间，会有一种穿越百年光阴来到一个古老山村的感觉。

右上图　家朋乡磡头村风光一角 / 摄影　唐祖怀
右下图　家朋乡磡头村小桥溪流 / 摄影　唐祖怀

礼仪乐队
喜

告别磡头村后，该去群山高潮处，领略真正的跌宕起伏，山川雄伟，鬼斧神工了！

此处风景，1.5 亿年前种下因果。彼时处燕山期，造山运动的高潮期，地球震裂，火山喷发，岩浆喷涌而出，化成高山。高山之巅有两座山峰，上各有一天池，从高空俯瞰，犹如望天双目，故名天目山。

此处，天目山山势争雄，已成屏风，横亘浙皖之间成为界岭，浙西最高峰清凉峰即在此间，海拔 1787.4 米，俯瞰天地，傲视群山。入天目山，于天地造化奇伟之处探寻，会有何般景致？刺激！

右图　皖浙天路 / 摄影　唐祖怀

去磡头村十九公里约三十七分钟，即是皖浙天路。皖浙天路，全长三十一公里，其雄险可与青藏天路争雄，故称天路。

天路荡气回肠，有弯道 351 处，回曲二十一起，从高空俯瞰，好似蛟龙盘山，气势恢宏。行驶其中，又如玉带环绕，百转千回。

天路沿途，古村落、古民居、梯田、峡谷瀑布、云海，比比皆是，如同一幅展开的巨幅山水画卷。如此胜境，无须远去青藏，即在华东，故入无数车友、驴友之梦境。

左图　天目山山顶风光 / 摄影　田毅清

看过高山，再行深谷，这里有 4A 级景区——鄣山大峡谷，距绩溪县城 22 公里。

峡谷内流淌的是天池之水，水质清澈透明，与山上下来的巨型卵石交相辉映，时显色彩斑斓，行走跳跃坐卧其上别有一番情趣。

此处，可大开脑洞供想象力驰骋，惊叹自然造物之神奇。有高 460 米，相当于 130 多层楼高的单体巨岩；有四米高巨石，虽生成于一亿年前，却酷似伟人头像。

有高山，有深谷，还有山道弯弯——徽杭古道。

徽杭古道，国家 4A 级景区，虽全长仅约二十公里，却与古丝绸之路，茶马古道齐名，并称中国三大古商道。古道距绩溪北站三十五公里，车行约一小时。此处“远上寒山石径斜”，看的是风景，叹的是历史人文。

想一想“烟萝迷客路，山果落征衣。”的山道上，有多少名人在历史的长河中与你擦肩而过。如明朝的兵部尚书胡宗宪，清代的巨商红顶商人胡雪岩、白话文先驱北大校长胡适……

最妙的是，这条线路集山道险峻、溪流飞瀑、鲜花漫道于一体，却只是二十公里脚程，相当亲民，可以在轻松惬意中体验一次真正的户外运动。或正因此，让这条古道跻身中国十大徒步古道，成华东第一精品徒步线路。

回顾百里花园，从绩溪北站海拔 170 米出发，于村庄、美庐、田园、山色之中游弋，不觉已上千米高山。阅尽山川之跌宕、天路之回肠、古道之曲折，方知天目横亘之险阻，杭黄高铁快捷之便宜，也方知当今世界，工程建设与天争雄胜出之豪迈。

徽杭古道 / 来源　汇图网

03 百里画廊新安江

方圆百里的上天花园之内，崇山峻岭之间，有天路、古道、峡谷于其中；有村庄、美庐、田园于其上。若是上天于崇山之中，以亿万年之功，开凿出一条江河，注以清泉，以村庄枕河而居又将是怎样一幅画图。新安江，就是这样一条江。

高空俯瞰，千山万转出新安，犹如上天遗留下的一条丝带，飘落在崇山之间，蜿蜒曲折，熠熠生辉。因其美，成为国家4A级自然景区，有百里画廊之称。

新安江水极清澈，仿佛被上天滤过一般！以至李白写诗赞其清：“人行明镜中，鸟度屏风里。”

要走入明镜中，需乘船。乘船需到歙县，从深渡码头出发，船一入江，即跃入九曲画屏明镜之中。

新安江水确实如诗所言，水至清澈，船行其间犹如划破琉璃，坐在船上有时看见画船儿在江面上，慢慢地随水流，真像是贴在江上一般，山、村、船倒影其间，一半儿在天上，一半儿在镜中。

但多数地方却只见清澈，不见明镜。或许是江风将明镜吹出了涟漪，又或是受此处江底地形陡峻影响，江底暗流冲击弄皱了江面，将明镜打碎成千万片，以至把江中的青山倒影也都打乱了。

要知道，新安江在古诗中，有清如镜的一面，也有坡陡流急的另一面。新安江水电站建成前，新安江，深潭接浅滩。此种地形有诗记载：“一滩复一滩，一滩高十丈，三百六十滩，新安在天上。”也正是因为这种大落差的地形，所以才会有新安江水电站及千岛湖的诞生。

但是万转出深山，却是随时可以感受到的。时常，船行其间，两岸是山，前后也是山，仿佛被堵在峡谷之中，但行至深处，转个弯却是江面顿开，进入另一幅画境。

正应了古诗：“万转出新安”“山横疑无路”“溪转若天开”“重重似画，曲曲如屏”，美不胜收！

右上图　新安江百里画廊 / 来源　图虫网

李白写诗赞其清：“人行明镜中，鸟度屏风里”

右下图　万转出深山的新安江

跃入画屏，江上美，岸上也美。沿新安江而行，一侧是清澈大江流，两岸是青山人家隔江眺望，见白墙黛瓦、小舟大船、袅袅人烟。

此间最出彩的有两处。一是渔民捕鱼新安江上的画面，或踏盆、或撒网、或鱼叉叉捕、或鸬鹚捕鱼、或巨网捕鱼，鼓浪踏波间，可见新安江上，纯纯的渔民风俗遗韵。

二是登岸漳潭古村，看十里红妆馆画风，再见徽州富豪当年嫁女，蔚为壮观的“闺阁文化”。游客于红妆馆中可见“大到床铺家具，小到针头线脑”，可铺“十里红妆”的古时富豪嫁女的壮阔排场。

遥想当年，新娘坐着轿儿，披着红盖头，一路上随着山道和轿夫的颠轿起起伏伏。送亲的队伍携十里红妆，于绿水青山之间，一路上晴风荡漾，山也笑，水也笑，一对新人喜结连理山水间。

彼时大富人家嫁女，连床都陪嫁，而且这床是雕梁画栋、精工细作，山水图案、花鸟鱼虫、人物故事，凡是天上地下所有美好的寓意，都恨不得雕刻于这床里床外。

父母情啊！恨不得将自己一生未宠完的爱都赋予进鸳鸯帐里，愿女儿梦里梦外都有个美好的世界，即使夫婿经商在外，也不会感到孤枕难眠，独守寂寞。

或在千年古樟树下，观当地婚嫁风俗，看红妆新人绕树成婚，让7～9个人才能合抱，树冠广达一千五百平方米的古樟树，见证今世爱情。此处可会想起“待我长发及腰，少年娶我可好？待你青丝绾正，铺十里红妆可愿？”的诗句吗？

追昔抚今，天目横亘，新安万转，竟成弹指。路迢迢，谈笑间，万水千山，俱成画图，目眩神迷！

然徽州之风光，何止目眩神迷，比之灿烂夺目的，是叹为观止的古徽州文化，其中有满满的中国风。若要进一步感受徽州文化的博大，则需要随杭黄高铁去往古徽州。

十里红妆

新安江上九姓捕鱼场面

新安江畔红妆馆内天下第一床（天下第一床有一间大卧室那么大，因内部雕梁画栋，做工极为精美，又称万工床）

第七章

粉墙黛瓦，桃花源中古徽州

黟县塔川春色 / 摄影 姚育青

01 走进徽州

乘高铁从绩溪至歙县，一路上似乎渐渐摆脱大山的束缚，山已作丘陵状，偶尔有一些短隧道通过。

高铁时常顺着延绵起伏的低山丘陵的边缘奔跑，将更为旷阔的平畴丘陵让给了田园民居。

十分钟后，一座视线开阔平坦的徽州府古城——歙县，显现出来，列车靠岸歙县北站。

歙县北站造型古朴，有悠悠岁月之感。

广场的前方是一个长方形照壁，书写着“新安好山水，天下古徽州”十个大字。一目了然间，古老的徽州呈现在眼前。

右上图　歙县古城
右下图　歙县北站

歙县北站
天下古徽州

02 为什么是徽州

在中国，美丽的像诗画一样的村庄有很多，但为什么偏偏古徽州地区的村庄能脱颖而出，跻身4A、5A级景区呢？

甚至连联合国教科文组织都折服，赞叹：“中国皖南古村落西递、宏村，是人类古老文化的见证，是传统特色建筑的典型作品，是人与自然结合的光辉典范。”

为什么徽州的建筑能以庞然大物之姿登上拍卖场，成为富豪竞相逐价的宠儿，甚至大到四百二十平方米整栋的徽式建筑，漂洋过海成为美国博物馆的宠儿？

又为什么北方文化在历经战火浩劫没有散乱，反而在徽州凤凰涅槃般重生，并以其璀璨之姿，与敦煌文化、藏文化争锋，成为中国三大地域文化之一？

这中间究竟经历了些什么？能让古徽州的村庄如此美丽！建筑如此绚丽！文化如此灿烂！以至光彩夺目，震撼人心！要了解清楚这些，需去往历史的深处看徽州文化的渊源。

宏村南湖畔

03 徽州从哪里来

乱世可以碾碎许多东西，但文化的传承却可令其永生，甚至超越以往，焕发出新的生命力！

西晋末年，中原士族遭受永嘉之乱，十不存一。为躲避战火，中原士族牵衣载道投奔南方，寻求一方安身立命的净土，以延续家族传承。

乱世狼烟中，群山环抱，与世隔绝的徽州进入了视野。这里外有群山守护，内有江河奔流，实在是躲避战乱，繁衍生息的好地方。

此后，唐朝的安史之乱，北宋末年的靖康之难，中原士族再次遭受涂炭，又纷纷来到徽州求生避难。

于是 1.4 万平方公里的土地上，先后接纳了十三个省的中原士族来此定居，人多地少的矛

徽州地形（七山半水半分田，二分道路和庄园）

盾日益突出，如何安身立命建设家园成为问题。显然，北方阔绰的四合院，已不适合徽州局限的土地。

既然房屋院落不能向四周舒适伸展，那就让它往高处衍生，将四合院的布局与地方干栏式“楼居”结构相结合，于是，2 ～ 3 层楼的新版“四合院”横空出世。

新版的“四合院”继承了原有的风格和优点，而北方原有的大院落则收缩成一方“天井”。

这“天井”仿佛整栋建筑的灵魂所在，用途广泛。不仅可以藏风聚气，还可以起到聚财的作用。因徽州人视水为财，故雨水顺着四周倾斜的屋顶汇入天井，被称之为“四水归堂”，寓意“肥水不流外人田”。

此外，天井的作用，不仅可以“聚财”，还可采光、通风、获取天人合一的灵气，白天可以看流云，夜晚可以观星斗。

这样经过改造后的徽式四合院，一层可做厅堂和供长辈居住，二层可供女眷和子女居住。一家人在徽式院落里度日，其乐融融。这样既解决了地狭人少的窘境，又可在空间部署上将家庭成员分开。

徽州民居天井（四水归堂处，白天可以看流云，夜晚可以观星斗）

04 道法自然、天人合一

徽州的先辈们，追求的不仅仅是生活的苟且，还要营造人与自然和谐共生的美好环境供子嗣繁衍，供家族兴旺。

于是，信奉风水术的徽州先辈们，将“堪天道、舆地道”，集天文学、地理学、环境学、建筑学、园林学、伦理学、预测学、美学于一体的堪舆学，运用得炉火纯青。

他们在选址上追求“枕山、环水、面屏”，以山为倚靠和屏风，以水为财源和福泽。所以徽州的农村多依山傍水而建。

其中水在村庄布局中起到画龙点睛的作用，房屋、祠堂等常以溪流为主线，沿溪两侧布设，曲折蜿蜒成为风景，如 5A 级景区唐模。

右上图　宏村 / 摄影　姚育青，国家 5A 级景区
右下图　唐模 / 来源　图虫网，国家 5A 级景区

砚
砚
民俗
徽墨
茶

在村庄的营建布局上“利用自然，顺应自然，改造自然”，讲究人与自然的天人合一。如西递，依山就势，中间大两头窄，形似巨船。山似浪，村为船，树木作桅杆，牌坊作风帆。

再如5A级景区呈坎，按“阴（坎），阳（呈），二气统一，天人合一”的八卦风水理论选

址布局。以周边矗立的八座山为八个方位，以“S”形的龙溪河为阴阳鱼的分界线。全村二圳五街九十九巷，长街短巷犬牙交错，两侧民宅排列有序。

西递古村 / 来源　图虫网

又如宏村道法自然，以“雷岗山为牛头，树为牛角，屋为牛身，桥为牛脚”。然而水不足，常遭火灾。于是为了让这头牛活起来，建九曲回肠的水圳为牛肠，扩泉眼成月沼作为牛胃，然后再开凿出一片广达1.8万平方米的南湖作为牛肚。

这样经过了数百年之功，宏村这头“牛”终于活了起来，于山光水色、天光云影中光彩照人，其风姿闻名遐迩，引得天下人来宏村参观、旅游、写生。

左上图　宏村鸟瞰 / 来源　图虫网

左下图　宏村月沼 / 来源　图虫网

宏村以月沼为牛胃，呈半月形，寓意“月满则亏，水满则溢，人满则骄”

下图　宏村写生 / 来源　汇图网

宏村因最美乡村画风，成为美院的写生基地与研学基地

村庄选址布局完毕，该是独具风格的徽派建筑——白墙黛瓦马头墙出场了。这种样式从何而来，有何好处，又藏有什么样的美学呢？

老子曰："人法地，地法天，天法道，道法自然。""五色令人目盲，五音令人耳聋""大音希声，大象无形。"归结一句，即庄子所言："朴素而天下莫能与之争美。"

黄霑一曲《沧海一声笑》即是大音希声，唱出多少人心底的儿女江湖情。而数百年前的古徽州，即在民居建筑上谱了一曲"大象无形"——白墙黛瓦马头墙，成为徽州建筑的经典形象。

江南有很多农村的建筑都是白墙黛瓦，马头墙才是徽州民居的灵魂。

五百多年前，明朝弘治年间，徽州城里频繁的火灾逼出了封火墙的设计，再后来经过工匠美化装饰，不仅防火、防盗，而且朴素大方。于是马头墙在整个徽州流行起来，成为徽州建筑的经典标志。

徽州建筑多依溪流两侧蜿蜒布设，地形又高高低低起伏不平，马头墙顺势而建形成了一片，于是高低错落间，远远望去就像万马嘶鸣，奔腾起伏。白墙黛瓦马头墙的徽州民居坐落在山水之间，与山川林木，小桥流水搭配，高低起伏间就像大自然跳跃的音符。

徽州古城 / 摄影　宋善忠

迎祥

徽州民居 / 摄影　姚育青

粉墙黛瓦之上有了马头墙，便有古朴、气势与神韵。马头屋顶高昂，如嘶鸣迎祥。

05 富贵荣华、尽藏三雕

徽州的村庄依山傍水而建，有小桥流水相衬，又有白墙黛瓦马头墙点缀，构成了一幅幅美丽的乡村图画。徽州的乡村虽然很美，但是缺少富贵。

到了明清的时候，徽商崛起，并富甲天下，纵横中国商界三百多年，凡是有集镇有街道的地方就有徽商，有“无徽不成镇，无绩不成街”之说。

当时的徽商有多富有？“富以百万以下者，皆谓之小商”，财力之雄厚，连乾隆皇帝都发出“富哉商乎，朕不及也”的感叹。

比如传奇商人胡雪岩，富到可以操纵江浙商业，巅峰时期一次性耗银两千万两，而清末一年税收不过八千万两白银，在他人生巅峰的时候，曾以财力协助左宗棠西征收复新疆，成为一代红顶商人。

如此集富贵荣宠于一身的徽商，历中上也并非只有胡雪岩一人。比如徽商江春，乾隆六下江南两次住在他家，后来加授布史衔，荐至一品。乾隆还曾特赐国库帑银三十万两以示龙恩，当时人们称他为“以布衣上交天子”，可见其富贵荣华。

右上图　宏村承志堂

承志堂有民间故宫博物馆之称，内部木雕叹为观止

右下图　徽州砖雕《百子图》

承志堂

徽商经商有成，富甲天下，是彰显徽州高门大姓、名门望族的威名及自身功名富贵、道德情操的时候了。于是令人叹为观止的“徽州三雕”——石雕、砖雕、木雕登场了。

如今行走在徽州的古村、古镇、古街道上，犹如行走在艺术的长廊里，可是要懂得欣赏她需要足够的文化，因每个图案，每一组图形都蕴藏着历史文化和深刻寓意。

石雕以其能经风雨而犹新，被寄以厚望。于是多用于牌坊、门墙、漏窗等饱经风雨处，其中以牌坊沾着皇恩最为耀眼。牌坊分为四个等级——御制（皇上下旨，国库出资）、恩荣（皇上下旨，地方出旨）、圣旨（皇帝下旨，自己出资）、赐赠（皇上口头同意，自己出资）。

牌坊是封建礼教和封建道德的一个象征性建筑符号，建造的目的是给人们树立道德楷模，以此来熏陶教育人们要讲气节、要行善积德、要仁义、要孝顺。同时也表达了人们复杂的感情，或怀念，或崇拜，或纪念，或表彰等。

牌坊上藏着丰富的文化内涵，有经典的人物形象和神话故事；还有松、鹤、龟、麒麟、荷花、荷叶、牡丹、如意等具有标志意义的动物、花卉和器物以表达长寿、美好、健康、吉祥、满意等吉祥美好的寓意。

牌坊通常立于交通要津，彰显功德节义，赢得身前身后名，并且也希望后世能以此为楷模，效仿先贤，光宗耀祖。

或立于村首，如西递的刺史牌坊。

或处在村中来往要津，如绩溪龙川的“奕世尚书”坊，处在龙凤街必经的桥头两侧要津。或处在古城街道的中心，如歙县的许国坊在古城中当街而立。

棠樾牌坊群

黟县西递胡文光刺史牌楼

歙县古城街道中央的许国坊

如果说牌坊是全村宗族的荣耀，那么门面就是一家人的脸面，这象征着主人的社会地位、财富和权势等。自古“门当户对”“光大门楣”即是这个意思。

徽州人讲究体面，有“千金门楼四两屋”，人生富贵体面，全在咫尺之间，于是盈尺之间，极尽能工巧匠之能事。

比如安徽博物馆内《春游图》门罩，由八十六块砖雕组成，小桥流水人家，骑马游人踏春，无一不形象逼真、栩栩如生。

有的砖雕，甚至层层镂空，画面可多达九个层面，近景远景、前后透视、层次分明。有的砖雕甚至要动用上千名工匠，如歙县博物馆内一块灶神庙砖雕，竟动用了一千二百名工匠，堪称徽州砖雕艺术精品之作。

左图　徽州建筑门罩

下图　栩栩如生精美砖雕

徽州门窗木雕

胡适故居

进入室内，该是木雕的世界了！有钱的徽州人在此方面竞豪奢！桌子、椅子、家具等等，目之所及无所不雕，穷极华丽！花草鸟兽、山水珍宝、历史典故等等，凡能寓意吉祥的无所不包，题材广泛。

浪里漂金的竞技中，徽州木雕技艺大涨，从一两层浅雕发展到八九层深雕，有的镂空深度十余层，层次分明、栩栩如生。

如宏村承志堂正厅大梁雕刻的“唐肃宗宴官图”，仅一根房梁的粗细，却展开了琴棋书画等娱乐活动的场景。场景中雕有房屋、室内陈设、树木、人物、鸡、狗，其中人物就有三十六个。

雕刻的远近高低，层次分明，人物场景生动，如画面左边一个仆人在给一个官员掏耳朵，另一个仆人拿着芭蕉扇在炉子上烧水，炉子的茶壶还冒着热气。画面上还有一条狗，暗喻旺财，一只鸡，暗喻吉祥，充满生活气息。

在徽州的民居中，不仅三雕中藏着深刻的寓意，就连房屋布局的错落高低、屋内摆件、画图、楹联都藏着文化和寓意。

如胡适故居，厅堂正中摆上一长鸣钟，谐音长命，钟的东侧是古瓷瓶，寓意男主人外出平安，西侧是玻璃镜，寓意女主人在家要心静如止水。

“唐肃宗宴百官图”木雕片段

06 诗书传家、叹为观止

最令人叹服的是徽州人对血脉的传承和文化的教育，没有因战火浩劫而散乱，反而凤凰涅槃般重生，使得江山代有才人出。

徽州人的血脉传承令人叹服，有方志载：“千丁之家，不动一坯；千丁之族，未尝散处；千载谱系，丝毫不紊；主仆之严，数十世不变。”

《徽州地区简志》又载：“南迁氏族迁居一地，便形成一村。族的发展，如干生枝枝又生叶，而其一族之人遂遍布天下。”

徽州祠堂与民居、牌坊并称“徽州三绝”，在徽州文化传承中起到重要作用，有着重要地位。尤其是在南宋之后，深受程朱理学思想的影响，尊祖敬宗，崇尚孝道。而祠堂是村落的核心，居首要地位。

比如宏村汪氏宗祠分为前后两进，前方是族中开会议事的地方，所以叫乐叙堂。乐叙堂上方有三幅汪氏先祖的画像，表明族中事先祖们都看着呢！祠堂的后方是享堂，是供奉祖先享受后辈祭拜的地方，所以叫享堂。

所以徽州人在外闯荡、发达之后，便投资故里。除建造住宅、购置田地、造桥、筑路、投资办学外，还建造祠堂，树碑立传，光宗耀祖。

宏村汪氏宗祠乐叙堂

因此，徽州古祠堂在建筑设计、工艺美术、雕刻装饰等都是高档次的，如绩溪龙川胡氏宗祠，有“徽派木雕艺术宝库”之称。

或许因徽州先人来自中原士族，所以自古重视教育。比如“几百年人家无非积善，第一等好事只是读书”已成为一些徽州人家世代传承的祖训。

再如宏村在族规中写有：“子孙笃志好学，发愤芸窗，家贫不能自振，族众当竭力赈给，以励上进。”

因此，徽州自古读书声遍及徽州，有“十户之村，不废诵读”之说，而徽州曾经一度拥有五十四座书院，要知道彼时整个明代也不过 1962 所书院，可见其比例之辉煌。

如此上进，前途自当不可限量，而古徽州六县共孕育了进士 2081 人，其中状元二十四人，治世能臣灿若繁星。

徽州的教育传家不仅限于读书，如“传家无别法，非耕即读”。而此处徽州对“耕”有新的理解，指营生技艺。这就是孔子所提倡的“有教无类，因材施教”的教育思想啊！

也正因非耕即读、有教无类的教育理念，令徽州各行各业人才辈出，如创造活字印刷术的毕昇、中国铁路之父詹天佑、经学家吴承仕、明代数学家程大位。

甚至开宗立派，诞生了徽派建筑、新安画派、徽州朴学、新安医学、徽菜、徽剧……林林总总，成为中国传统文化中一颗璀璨的明星。

更为重要的是，徽州人打破了古代“万般皆下品，唯有读书高”“士农工商，商人至贱”的社会认知，将经商提到与读书同等的地位。

如徽州楹联“读书好营商好效好便好，创业难守成难知难不难”，指出读书也好，经商也好，只要方法得当，效果好，取得成功即好。

并且在为人处世上，同样有充满哲理的教育。如罕见的改字联“快乐每从辛苦得，便宜多自吃亏来”即出自徽州，其意形象又深远。这副对联的上联快字少一点，辛字多一横，意指幸福是干出来的；下联多字少一点，亏字多一点。教人吃亏即便宜的处世之道，充满生活哲理。

而且徽州人将读书提升到追求美好人生体验的一种境界，视之为一种生活，如徽州楹联“非因报应方为善，岂为功名始读书”。

徽州重视教育的楹联文化

徽州文化博物馆内徽州从小重视教育的场景

在这样的熏陶教育下，徽州人自然是与众不同，在外经商闯荡，一旦得风云便会乘龙上天无往而不胜，以至纵横中国商海三百多年，巨商迭出。

如妇孺皆知的传奇商人胡雪岩，极尽人生跌宕，阅尽人生浮华，从放牛、学徒、跑街起步，最终发达，成为一代红顶商人。

在读书和经商并重的理念熏陶下的徽州商人，头脑里装着的东西，远比他们兜里装着的银票更精彩！以至徽州商人与文化名人交相辉映，俊彩星驰。如徽商家庭里走出了圣人朱熹、参与编纂《四库全书》的一代大师戴震、倡导推行白话文的北大校长胡适。

或许正是徽州人“有教无类，因材施教。儒商并重，效好便好！”的教育理念，才会让徽州出现被毛泽东主席称为“伟大的人民教育家”的陶行知，而他的教育思想归结起来就是“生活即教育，社会即学校，教学做合一”。

按照陶行知的教育思想，回过头来再去欣赏徽州乡村，你会发现最撼动人心的，并非风景，而是耳濡目染间无处不在的文化和教育。

若是远望，你会看到徽州农村的布局，依山傍水，道法自然，顺应自然，改造自然；若是近观，你会看到徽州建筑“大象无形”的白墙黛瓦、马头墙。

若走进村庄，牌坊会让你在祖先的光荣中领悟到历史、文化与德操的力量；若漫步街巷，你会看到悠悠岁月，在砖雕石雕中，感受到光大门楣、光宗耀祖的激励。

若走进宅院，你会在天井中领略到徽州人对风水的理解；会在房屋的布局、陈设、楹联、木雕中，感受到无处不在的文化礼仪的熏陶，祠堂里精美的艺术和传承的力量，书院里寒窗苦

徽州文化博物馆内徽州人离乡经商依依不舍的泪别场景

读和宗族人殷切的期望。

宝剑锋从磨砺出，梅花香自苦寒来。文章写到结尾，要于辉煌处，留一声感叹，留一滴眼泪给徽州。

徽州人其实本苦啊！千里举族迁徙至此，又在历史上不断开枝散叶，整族整村重建家园。希望人丁兴旺，子嗣繁衍，却又奈何人多地贫。为此男孩子尚未成年，十三四时就往外一丢，独自谋生，闯荡生涯。所以在徽州有一句家喻户晓的俚语，描述了这一场景："前世不修，生在徽州。十三四岁，往外一丢。七山半水半分田，二分道路和庄园。"

比徽州男人更辛苦的是徽州女人。徽州的女人们常年在家独守空房，上要孝敬公婆，下要抚养儿女。所有艰辛一肩挑，常年孤灯夜下盼郎归，郎却在天涯，甚至几夜夫妻，一生守寡。

所以啊！辉煌之下全是眼泪，以致徽州女人以哭当歌。在徽州哭歌流行，以致一人哭，感同身受，连及全村哀号。如哭歌《送郎》片段：

《送郎》

送郎送到枕头边
拍拍枕头叫我郎哥睡会添
今日枕头两边热
明天枕头热半边来凉半边

送郎送到床第前
拍拍床第叫我郎哥坐会添
今日床沿两人坐
明天床沿坐半边来空半边

送郎送到窗槛前
推开窗槛看青天
但愿青天落大雨
留郎哥再住一日

徽州文化博物馆内徽州女人塑像

曾经徽州与杭州隔着千山万水，此一行就是长亭接短亭，山长水远，一走就是十天半个月，而回程漫漫，一走就是数年，甚至一生漂泊，客死他乡。

往事越千年，如今杭黄高铁来往于黄山杭州之间只需一个半小时，且还多是轻车简行，游山玩水之心，而曾经徽州人营造的桃花源里人家，也洗尽岁月的尘埃，于今世熠熠生辉，光彩

夺目间令人赞叹流连！

然而，对于徽州而言，桃花源里人家的美只是邻里人家小家碧玉的美，徽州真正的大美在黄山。要了解她的美，需乘杭黄高铁去往她的终点站——黄山北站，在这里我们可以看到车站如何寓意黄山的美。

宏村南湖

第八章

天地传奇，造化钟神秀黄山

黄山狮子峰夕照 / 摄影　姚育青

01 走近黄山

从歙县北站到黄山北站，高铁只需八分钟，一路上仿佛都行驶在丘陵平原之上，一切都显得那么风平浪静，山只作波浪状远远地退到天边。

黄山北站的底座由八朵“白云”托起，白云之上即是“黄山北站”，黄山北站的底子是横向纹路，横向纹路可视作“宣纸”的纹理，寓意黄山市山川如画。

巨幅的“宣纸”立面上，绘有对称的两柱“奇峰”，可视作黄山奇石；“奇峰”有“白云”缭绕，而这“白云”又可幻化为“迎客松”。

黄山北站的正中央，两棵“迎客松”托起的顶部有“黄山北站”四个大字，组合起来又似商字头，寓意“徽商”。由“迎客松”组成，又处在进站口，有欢迎天下客商来黄山

做客投资的寓意。

而此处“迎客松”其形，对称拱起似山脉、飘逸之姿似流云、从中间往两侧流下又似溪流，寓意白云生处有人家，又寓意徽商走过的路，山长水远，万水千山。

“徽商”这一寓意走进候车厅，更加明显。商字头由两侧高山流水状和中央一块抽象画幅组成，抽象画由万字福、栈道、流云组成，既寓意千山万水，又祝福一路平安。

为欢迎天下客商到黄山投资，激励徽州人经商进取，黄山贵宾厅里面有红顶商人胡雪岩的传奇故事。

今日黄山市，旧时古徽州。这里有桃花源里人家的徽州民居建筑，有比肩藏文化和敦煌文化的徽州文化，更有兼五岳神秀于一身，拥世界文化与自然双遗产的大美黄山。黄山究竟有多美，又孕育了怎样的风流人文，不妨随图文入黄山以探其风采神秀。

黄山北站

02 什么是黄山

黄山，后起之秀，自出道以来，便后来居上，立名山之巅！其美名横扫一切名山，以至明代旅行家、地理学家徐霞客两次登临黄山，赞叹：“薄海内外，无如徽之黄山。登黄山，天下无山，观止矣！”其后“五岳归来不看山，黄山归来不看岳”广为流传，为天下认同。

黄山屹立万年，风光睥睨天下，却又为何成名较晚，不在五岳之内？又以何称“黄山归来

不看岳”？究竟有何壮阔，敢俯瞰五岳神奇于目下？

跃入青天往下望，黄山犹若平步青云，方圆壮阔一千二百平方公里。似若平步青云，可从黄山著名景点“猴子观海”处阅悉，由此可俯视山下一马平川的太平镇人间烟火，故猴子观海又称猴子观太平。

黄山核心景区 154 平方公里，面积虽不大，却是奇峰迭出，以至游历天下名山的李白，曾在黄山之上绕石长啸：“黄山四千仞，三十二莲峰。”实则，黄山有奇峰一百零八座，大峰三十六、小峰七十二，一千米以上高峰八十八座。

黄山雾凇云海 / 摄影　姚育青

黄山气质与李白太相合。山上奇峰、怪石、极尽鬼斧神工，天地造化。正与李白之诗相合，穷尽世间之想象力。

天人合一，英雄相惜。据传，李白诗后投笔山下，插入土中，第二日竟被天地孕育成峰，即著名的景点——梦笔生花。

所谓人逢知己千杯少，何况李太白乎？据说，李白曾在黄山与巨石把酒饮诗，酒到酣处绕石三呼，兴尽将杯中酒尽酬知己，全泼在了石头上，然后与之同眠大醉。此后，黄山又多一景——黄山醉石。

黄山确非凡品，时有云海翻腾，犹若天宫。或云铺远山天为岸，或云过山峰似飞瀑；清晨日出，有万里红云镶碧天；白日晴空，有高天大日白云似海；此处不是天宫，何处是天宫？

正因此，黄山成为最宜修仙之所。当年，黄帝欲修仙，向他的两位大臣容成子和浮丘公请教炼丹之术。浮丘公说：“臣尝遍历名岳，唯黟山为神仙都会，云凝碧汉，……能煮石成丹。”此处黟山即现在的黄山。

后三人携伴至黄山炼丹。据传经过八个甲子四百八十年，丹药才练成，吞服后三人得道升仙乘龙飞天。后来，黄山也因之有了轩辕峰、浮丘峰、容成峰。到了唐朝，黟山也因黄帝在此炼丹而改名为黄山。

如此天宫，修仙之所。长居于此修真，历千万年之奇峰，百万年之怪石无不成仙。如仙都峰、炼丹峰、仙人峰、望仙峰、仙人下棋、仙人指路、仙人采药、仙人晒靴、仙人背包、十八仙人朝南海等等。

右上图　黄山梦笔生花

右下图　黄山云瀑 / 摄影　姚育青

修炼了百年、千年的黄山松，也都有了灵气，且善解人意，化身迎客松、陪客松、送客松，结天下善缘于黄山。黄山之上，真是造物神奇啊！可极尽想象力，于天宫之中遨游驰骋。

如此天宫，仙人所居，自非凡品。天工造化，必欲穷其所能，揽五岳精华于一身。而黄山造化也不负天工，经亿万年修炼，终得东岳泰山之雄，西岳华山之险，中岳嵩山之峻，北岳恒山之幽，南岳衡山之秀。

然而，虽气质绝伦，却成名较晚。待到徐霞客发出“登黄山，天下无山”的慨叹时，五岳早已成名至少千年之久。

好在，岁月终究不负黄山天纵之姿，黄山自声名鹊起后，其风流英姿长期力压群山成魁首，来朝者无数，留有可数的诗篇两万余首。

黄山风景，四季都美，而以冬季为最佳。尤其是遇上雪景，或是前些天下雨，第二日放晴，上演云海、雾凇，黄山便是有若仙境。

一路走在银装素裹，琼楼玉宇当中，山侧又见无边的云海铺到天边，云海中有岛屿若干，天上有晴空大日。

若是走进雾凇的光阴里，又遇上天风摇曳，地面上银色的光影如水波流动，踏行其间，人若行走于水晶宫底一般。

或正因黄山风景，不似人间，有若天宫仙境，才会令李白许下“他日还相访，乘桥蹑彩虹”的诗句吧！即便要跨越万水千山经行数月，也在所不辞。

那么如此风光，天地又是如何孕育的呢？何以黄山能揽五岳风光于一怀，俯瞰天下名山，成为世界自然与文化双遗产呢？

右上图　黄山奇峰怪石

右下图　黄山雪景图 / 摄影　姚育青

03 黄山的山海变迁

距今 8 亿～2 亿年间，黄山地区，大海是绝对的主场，间有数千万年的光阴浮出海面，便又被大海吞没。这一时期被称之为海侵时期，有广泛的海洋生物化石可作证，如三叶虫化石。

约从 2.1 亿年前开始，决定我国地势起伏，山脉走向，大致轮廓的三大地质运动时期相继开启。黄山亦不能幸免。

距今约 2.08 亿年前，印支运动爆发，中国四分之三的陆地完成了拼合。黄山地区也乘此机遇彻底浮出海面，告别漫长的海侵时期。

但也留下了软肋。黄山位于扬子板块的东南边缘，与华夏板块相接。拼接处相对薄弱，这为后期的造化埋下了伏笔。

自此，黄山地区开启了漫长的陆地时代，曾经很长一段时间，这里奔腾着河流，有湖泊、湿地散落其间，成为恐龙家园。对此，有厚达 137 米的湖相沉积及恐龙化石作证。

距今约 1.4 亿年前，燕山运动爆发，这是一次全球性的造山运动，因这一地质时期，北京燕山地区特征明显，被以为标本榜样，故称燕山运动。

这一期间，地震火山频发，我国境内陆地，如大海起狂涛，波浪起伏，群山迭出。

在此期间，距今约 1.35 亿～1.24 亿年，汹涌的地下岩浆，终于在黄山地下找到了突破口，相隔百万年至数百万年之间，分四期入侵岩层，潜伏于地下七千米深处，等待时来运转出头之日。

这一潜伏，就是六千多万年。距今 6500 万～250 万年，伟大的喜马拉雅造山运动来了！印度板块载着印度大陆，向欧亚大陆俯冲，青藏高原强势崛起与天争雄。此后，印度板块继续一路北征，华夏板块与之相抗，黄山波及其中，趁势崛起。一场真正的天工造化开始了！

黄山观夕阳落日 / 摄影 姚育青

04 上天如何造黄山

世间，没有东西是岁月的对手，哪怕是山河。

首当其冲被锻造的，是厚达七千米，经亿万年海相层积形成的砂岩、页岩、石灰岩等覆盖层。

如此巨厚的覆盖层，经过约六千万年岁月，终于一层层被剥离掉，相当于每年以0.117毫米的速度剥离。慢工出细活，潜伏其下长达亿万年时光的花岗岩山脉，终于露出了峥嵘。

随着厚达七千米的上覆岩层，被岁月的风霜雨雪剥蚀掉，相当于上压在黄山花岗岩上的一座高达七千米的大山给搬掉了。

减压之下，本是浑然一体的花岗岩顶部膨胀破裂，形成纵横交错的裂缝——地质学上称之为节理。

节理或呈竖向、或呈横向、或呈“X”形，犹如竖一刀、横一刀、斜挥再两刀，刀刀岁月摧“人”老。且节理方向不一、倾角不一、组数不同，犹如天工挥刀的姿势、角度，劈砍的刀数不同，彼此招数组合，将迎来不同的造化。

书到此处，有必要再简单交代几笔，黄山这块璞玉的材质，究竟特殊在哪里，好为即将来到的高潮——天工锻造做铺垫，非如此不能解黄山何以能兼五岳之神秀。

在天工锻造的路上，每一步劫难都作数，且每一次劫难，都会凤凰涅槃，转身成华丽！一切仿佛自有天数，不是不显，只是时间未到。

如上文所言，在1.35亿~1.24亿年前，地下岩浆曾经分四期入侵黄山地区，并呈中间高四周低、中间新四周老的姿态埋藏地底。

不同时期凝结的岩浆，会有材质上的差异，从而颜色不一、颗粒粗细不一，热胀冷缩膨胀速率不一，如石英的胀缩系数为0.0031，长石为0.00017，前者是后者的18倍多。而这些特质，都将在未来上天的雕工下，呈现不同的异彩。

不仅如此，整个黄山山脉在地质运动中仿佛被上天的巨斧劈了四斧，分别沿东北走向、西北走向、南北走向、东西走向，将整个黄山劈出4组断裂带，向四面八方伸展扩散。

到此，含不同质地，有着独特纹理，有如山脉般大小的璞玉已成，只待上天用千百万年光阴来慢慢雕琢，尽显自然之鬼斧神工。

天工所向，最易下手处，非巨斧劈留的断裂带不可！此处最为薄弱，最经不住风雕、雨刻、冰侵、溪蚀等大自然的考验，于是或剥离、或坍塌、或滚落、或被溪流剥蚀带走。

终于，历千百万年时光的雕琢，这些被天工巨斧砍过的断裂带，终于慢慢扩展成一条条巨大的峡谷，或成“V”形，或成“U”形。

左图　天工锻造鬼斧神工的黄山 / 摄影　姚育青

于是极为壮丽恢宏的峡谷形成了，并从四面八方呈包抄状围攻中央高地，于是无论从哪个方向登高眺远，必须跨过大峡谷。

然峡谷太过壮丽，鸟飞惊心。溪流、乱石、飞瀑、深潭，时见于谷地。两侧岩壁或似刀削斧劈，露出巨大的花岗岩面，又或是树木在峡谷中竞相登高。有的或呈巨大光滑的斜面，仿若曾经有一座山峰从这里滑落深谷，被岁月和溪流带走。

峡谷最壮丽处，非西海大峡谷不可！

此处多竖向节理，且节理较密集，由几组垂直节理和一组水平节里组成，仿佛左一刀，右一刀，横向再来一刀。此后，千百万年光阴，或雨水顺着裂隙下切侵蚀，又或是冰侵其间热胀冷缩，将岩石如剥笋一般层层剥离。

被剥离后的岩壁形如巨木，仿佛直接从上劈到底，真正的壁立千仞。有的危危乎如残垣断壁般，仿若时刻欲轰然倒塌。乘网红小火车俯冲而下，甚为惊心！

飞跃大峡谷，登上中央高地——黄山的核心景区。核心景区面积 160.6 平方公里，纵横十数公里，犹如巨大的观景台。观景台上可尽览黄山四绝，云海，奇峰、怪石、黄山松，且每一绝都各有造化。

山高如屏风，东海远道而来的丰沛水汽难以逾越，便聚集成约千米高的低层云徘徊于黄山峡谷之中形成云海。千米以上的高峰穿过云海，于是步行于中央高地四周可观云海。

云海按东、南、西、北、中分为东海、南海、西海、北海和天海。游人奔走于巨大的观景台上看云海，被称之为赶海。赶海如奔行于天界，四望云海茫茫，一望无际，有山峰成岛缥缈其间。

风起则云涌，云在峡谷之间奔腾澎湃。山风响处，万顷波涛汹涌的云撞击山壁，万壑似为之震荡，似有千军万马在云层中隐隐厮杀，势不可当。甚至漫过山峰，形成壮观的云瀑，飞流直下淹过山峰，万松为之披靡。

右上图　西海大峡谷 / 摄影　姚育青

从高空俯瞰，西海大峡谷被风蚀雨侵成残垣断壁

右下图　黄山云海 / 摄影　姚育青

黄山之上观云海，云撼群峰，缥缈浩瀚

观景台及周边有群峰攀比争姿。试想岁月能剥蚀出巨大的峡谷，令飞鸟惊心，何况是奇峰乎？黄山之上，千米以上高峰有八十八座，座座称奇！

在创造奇峰的过程中，不同类型的节理数量，会有不同的造化，多重节理组合之下，风、霜、雨、雪、冰顺势而为，将山体切割成柱峰、塔峰、屏峰等各种山峰。如石柱峰、芙蓉峰、薄刀峰、石床峰、狮子峰、丹霞峰、九龙峰等，山峰奇特，造型各异，美轮美奂，令人难以置信。

据说，明代黄习远原也不信，但是当他从云谷寺游至始信峰时，绕峰环顾，感叹“妙不可言，说也弗信；岂有此理，到者方知”，题名“始信”。此后始信峰名传遐迩。

然而，与之相比，人们更向往的是莲花峰、天都峰、光明顶，均越一千八百米，鼎立争雄。登上任何一座高峰，犹如置顶云天之巅，四方云海尽收眼底，有“海到尽头天是岸，山登绝顶我为峰。”的豪迈。

此处“峰”光，何以如此豪迈，犹如天宫城堡，而不似前言所说的山峰陡峭，只可远观而不可亵玩。

这与其材质相关，粗颗粒的花岗岩少见节理，甚至无节理可言。正如你攀行所见，整座山虽跌宕起伏，却是浑然一体。如此严丝合缝的岩石，令天工也无处着笔，只能以万年岁月之心慢慢打磨。

慢慢打磨，最见精品。岁月之下，尽是鬼斧神工。最能体现这一点的，是那些山峰之上，大大小小的石蛋。这些石蛋点缀于山峰之上，犹如整座山峰的点睛之笔，各带土角光环。

如猴子观海，其周边有裂隙的岩体“兄弟”，早已被岁月瓦解吹走，只剩它一待万年，看尽世事沧桑。

再如飞来石，犹如《红楼梦》中的那块顽石，似被天工当作废物遗弃一般，丢在那里，欲让其在怀金悼玉的情劫里历尽轮回，直至魂飞烟灭。

还如仙人指路、老僧采药、苏武牧羊等等各有神采，各有故事。甚至有些怪石挑逗天空，玩尽危险，如仙人晒靴、仙人踩高跷。

左上图　猴子观海 / 摄影　姚育青

左下图　飞来石 / 摄影　姚育青

有了奇峰、异石和云海，修炼的道场已成。于是岁月中，另一天地奇物应运而生，这就是有怪松之称的黄山松。

黄山松的种子或是驾风而至，飞临绝壁，遇上一丝丝裂隙，即能生根，仿佛没有裂隙，亦能生根。甚至可以像钉子一样打入顽石，生长发芽傲然挺立成树，堪称树坚强。

黄山松看似弱小的种子，生命力、意志力却是极其强大，且志存高远，仿若非悬崖峭壁临空处不登。

我命由我不由天，面对坚硬的花岗岩，黄山松会释放出一种酸，慢慢地渗透，慢慢地磨，只需一点土或是裂隙中的水，便可立足生存，此后餐风饮露生长，直至笑傲云天。

如此顽强生长，每一棵都是英雄，需历尽磨难，才能立足黄山。为此，黄山松努力拼搏，有的在生长过程中，仿佛拼尽全身的力气，方得破石而出，以至松杆仿佛使出吃奶的劲，盘旋扭力如虬龙。

黄山孤松屹立岩石之上

黄山松这种咬定青山不放松的品质，
就像我们中国人不畏艰难重阻，艰苦奋斗的精神

黄山绝壁松，凌空探姿，无畏深渊

有的则是盘根打坐，抱定信念，任尔东南西北风，我自岿然不动。

故每一棵黄山松，都仿若来世间行一场修炼。据说随便一棵粗及细碗的黄山松，也要修炼百年之久。故每一棵黄山松，内里所藏的意志和生命力，都堪称至宝。

而这至宝中，犹以黄山迎客松为最，寿逾千年。黄山迎客松的胸径为 0.64 米，胸围 2.16 米，一个人环抱不过来。树高 10.02 米，超过三层楼，树干中部伸展出的两大侧枝，犹如两只手臂，一只如伸臂迎客，另一只则似优雅地斜插在裤兜里，雍容大度而好客，成为黄山标志性景观。其光辉形象，已被制成铁画存立于人民大会堂，代表中国与世界人民的和平友谊。

黄山迎客松已成国家至宝，在迎客松边上一间不到六平方米的小屋里，常年住着专职护理员，实行双岗制，使黄山松成为全国唯一的配有“警卫”的树木。

右上图　黄山松如蒲团打坐修仙于仙山云海之间 / 摄影　姚育青

右下图　黄山迎客松 / 摄影　姚育青

黄山松，生于岩壁之间，其姿优雅，一只手如揣于裤兜，身形潇洒；另一只手，则形似伸展迎客的手臂；如此优雅身姿，象征中国人自信、坚韧、乐观、好客的优良品质

05 黄山如画

“青山不墨千秋画，绿水无弦万古琴。”整座黄山就是一幅画，松在石山作画、石在山中作画、山在云海中作画、而云海在天空中作画。

天工之下，黄山之上，无一是凡品。奇峰、异石、怪松、云海，在黄山之上，经日月修炼，无一不是仙风道骨，聚仙灵气韵。

若是奇峰、异石、怪松、云海、奇松、冬雪，群“贤”毕至，再辅之以日出霞光映照，又会是怎样一幅人间仙境呢？

在冬季雾凇雪海之时，整座黄山的山壁怪石、有若上天遗落人间的一块块巨型如山丘的玛瑙。只是这玛瑙并不纯种，还镶了白玉（雪、或雾凇），翡翠（黄山松），如此天赐神品，再经天工以鬼斧神工之姿，循着天地造化之纹理，雕琢以巨幅山水，有若晶莹剔透的玉石精品，立于天地山川之中。而人行走其间，犹如嵌入巨大的玉石浮雕般，与山川、自然、艺术融为一体。

若是再于此山川之中，雕琢亭台、楼阁、宾馆、寺院，人游弋其间，有若遁入艺术品之中，与天地化而为一，人在景中游，人亦是一景。

如此仙风道骨之山，自是最宜参禅、修仙、悟道、创作。于是自古又吸引了无数的僧侣、隐士、诗人、画家在此修行创作，给黄山留下丰厚的艺术瑰宝，如两万余首诗词及无数摩崖石刻。

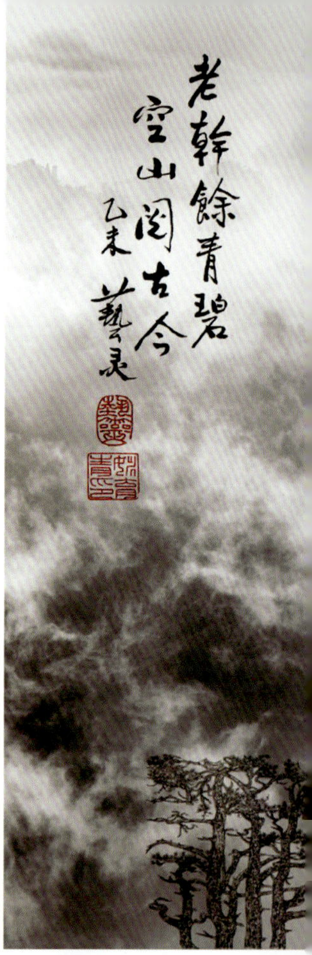

右上图　黄山奇松云海图 / 国画　吴艺江；摄影　姚育青

右下图　黄山栈道雪景图 / 摄影　姚育青

甚至开宗立派，于明末清初创造了独树一帜的黄山画派，以至对中国山水画产生深远影响，传承至今。

黄山画派师承黄山。黄山天然就是一幅山水画卷，且随着季节更替，气候变化而变化无穷。

如此至高无上的画师境界，以至绘画大师刘海粟十上黄山，称黄山是吾师，此言至今摩崖石刻在黄山之上。

对黄山鬼斧神工画技的崇拜，比刘海粟更过而不及的是，被西方艺坛赞为“东方之笔”的张大千，他曾三上黄山。

他一上黄山时，便收获画理之悟：“领略山川灵气，要深入其间，栖息其中，朝夕孕育，体会物情，观察物志，融会贯通，所谓胸中自有丘壑之后，才能绘出传神的画。”

他二上黄山时，曾被松枝弹起，悬于半空，惊魂未定之时，居然脱口而出两句诗：“宁教折骨山中死，此地他生也再来。”

大难不死的张大千，在文殊台上摩崖石刻“云海奇观”留作纪念，下山之后又于惊魂体验中创作了《黄山云海图》。

1936 年，他三上黄山后，便浪迹天涯，云游四海。此后对黄山终生念念不忘，称之为“梦里情”。相思成画作，越到晚年情越浓，于是画黄山也就越多。

以至去世前一个月，竟然在每画几笔就含一粒速效救心丸的情况下，创作了《黄山百步云梯图》。而去世前的遗愿就是要画一幅长三十六尺的巨幅《黄山图》给台湾历史博物馆补壁。

天工锻造、鬼斧神工的黄山奇峰、奇石、奇松、云海，孕育了黄山画派。如此黄山，人游其间，如入画中。

右图一　黄山奇松云海图 / 国画　吴艺江；摄影　姚育青

右图二　黄山奇峰怪石云海图 / 国画　吴艺江；摄影　姚育青

挺立聽祛俗
高凉自健人
乙未
藝灵

若是将中国山水画与现实的黄山风光做个比较，你会发现黄山风光比画还要美，还要震撼。

登过黄山的外国友人，或会因黄山之美而顿悟，原来中国山水画并非虚构，也是来源于自然的写实之作。此一点正如著名摄影师 AdamGibbs 将其拍摄的云雾黄山发布于 youtube 时，引来评论区的纷纷惊叹："我原以为中国山水画是虚构的，结果它是写实的！"

所以黄山本是一幅由天工锻造，亿万年风雕雨刻，上千年人文渲染淬炼而成的画，其光璀璨耀眼，只待时机一到，必将惊艳世界，令亿万人为之瞩目神摇。

1989 年 9 月，黄山本以世界自然遗产提交联合国教科文组织的，却未曾想福有双至。

1990 年 5 月，当世界遗产高级考察专员桑塞尔来黄山考察时，被黄山的自然与文化双重魅力惊艳到了！结果，黄山的自然与文化，双双结伴进入《世界遗产名录》，成为"世界文化与自然双重遗产"。

彼时，世界遗产委员会对黄山的评价是：黄山，在中国历史上文学艺术的鼎盛时期（公元 16 世纪中叶的"山水"风格）曾受到广泛的赞誉，以"震旦国中第一奇山"而闻名。

至了 2003 年 12 月，世界地质公园评估小组两位专家伊德博士、库姆教授，对黄山实地考察。伊德博士赞叹："我发现了地球的天堂！"库姆教授则感叹："黄山之美，只可意会，不可言传。"两月后，

2004 年 2 月，黄山成为全球首批 28 个世界地质公园成员之一。

如此黄山，怎能不爱？以至有到过黄山，领略过黄山美者，年年打卡黄山。那么什么时间，如何才能领略到黄山大美奇观呢？

黄山云海待日出 / 摄影　姚育青

06 如何欣赏大美黄山

黄山一年四季都美，而以冬季为最！为何？

冬雪、云海、日出都堪称黄山之一绝，黄山在此三绝渲染之下，有若仙境，不似人间。

而此三绝需于冬季，才能三英荟萃。冬季的层积云较低，在800～1200米，故立于黄山154平方公里的巨大观景台上，足可赶海，观云海之奇。

黄山之巅，观景平台，海拔一千五百米以上，平步青云，温度更接近天宫，相较于山下要低8～9度。

于是黄山到了冬季，天上玉龙斗，瑞雪纷纷，梨花片片。顷刻间，黄山换上银装，琼楼玉宇。

待到日出，红日喷薄而出，映在万里云层之上，顿时霞光万道，似万顷红云镶碧天。霞光打在奇峰怪石之上，犹如镀了一层宝石红，于云霞之间美轮美奂。

然，要看到如此之美，还需运气。或雾气干扰，或雨天打烊，错失美景，好在有规律可循。每年十一月至次年三月，黄山为冬季，而以十二月至次年二月，为旺雪之期。冬季黄山平均每年约五十天的积雪期、约七十天的雾凇天气。在此期间，雨后放晴多是好时机，此时大概率会遇上雾凇。

爱旅游、爱美景、爱摄影的都知道，相机不可与太阳争辉，所以旅行拍照，也需顺应天意，故游玩线路最好是与太阳起落相合。

据此建议，从后山云谷索道上山，从前山玉屏索道下山，这样一路风光多顺着光线，且越走越雄伟，大好风光一路来。

且这样走还有一个好处，就是可以避开更多游客，更适宜拍照，与自然风光合影。

右图　黄山雪景图 / 摄影　姚育青

赶海的最佳地点是清凉台望北海、排云亭看西海、白鹅岭赏东海、鳌鱼峰眺天海、玉屏楼观南海。

观日出最佳地点是：清凉台、曙光亭、狮子峰、始信峰、丹霞峰、光明顶、鳌鱼峰、玉屏楼。

看晚霞最佳地点：排云亭、丹霞峰、飞来石、光明顶、狮子峰。

其中玉屏楼是整个黄山画龙点睛之处，位于莲花峰、天都峰之间，有天上宫阙之称。徐霞客称之为“黄山绝胜处”，老舍甚至说：“欲识黄山真面目，风华半在玉屏楼。”日出、日落、雪景、云海，可在此处尽览。迎客松、陪客松、送客松及众多怪松均汇聚于此。此外，这里也是摩崖石刻集中的地方，毛主席草书“江山如此多娇”成为黄山点睛之笔，书刻在玉屏之巅。

然而，面对“江山如此多娇”，最让我感慨的不是山河，而是黄昏夕阳万道余晖中，玉屏楼前那些来自祖国各地、五湖四海的游客们的一曲《我和我的祖国》，悠扬的歌声、翩翩的舞姿，这一切都让我感到骄傲与自豪。因为我的祖国到处都有明媚的阳光。

黄山玉屏楼风光 / 摄影　姚育青

黄山春色 / 摄影　姚育青

结束语

清代才子张潮曾言“文章是案头之山水，山水是地面之文章”，杭黄高铁即是这样，铁路建设者以万丈山河为案，交付了一篇锦绣文章，将一条美丽的铁路嵌入大好河山之中，与沿途山川人文共争辉。

杭黄高铁的生态绿化有似园林，或去掉山间一片绿，换来杭黄一段美；或似公园般花团锦簇；又或如田园山庄般融入自然。

杭黄高铁车站的选址建设能依山就势，既在创新创意中“委曲求全”，如千岛湖站瞒天过海藏于大桥之下；又能依据地形地势之变幻，如建德站建于秀木葱茏之中，犹如一座森林之屋。

杭黄高铁的每一座车站均匠心独运，建设者十年耕耘，灌入其间的是沿线百姓自豪难忘的乡愁和旅行者眼中美丽的风光与耀眼的人文，如藏有《望海潮》诗词的杭州东站，点题《富春山居图》的富阳站，暗合“奇山异水、天下独绝”的桐庐站，千岛争姿出碧湖的千岛湖站，融合奇松、怪石、云海的黄山北站等。

是故，杭黄高铁由内及外，从绿化到生态，从整体的建筑造型寓意，到内部装修的文化典藏，再到沿线的锦绣山河与璀璨人文，都称得上是中国最美的高铁之一。

十年一剑，杭黄高铁终不负山河，不负铁路建设者之初心：“坐最美的高铁，看最美的江南，遇见最美的人文。”

参考文献

[1] 郑健，贾坚，魏崴 . 高铁车站 [M]. 上海：上海科学技术文献出版社，2019.

[2] 盛晖 . 中国第四代铁路客站设计探索 [J]. 城市建筑，2017（31）：22-25.

[3] 余治淮 . 徽州楹联格言精选 [M]. 昆明：云南大学出版社，2010.

[4] 本书编委会 . 杭州简史 [M]. 杭州：杭州出版社，2016.

[5] 徐俊 . 徽州建筑文化艺术赏析 [M]. 北京：中国电力出版社，2018.

[6] 薛家柱 . 淳安千岛湖 [M]. 杭州：杭州出版社，2013.

[7] 陈安泽，浦庆余，张招崇，等 . 黄山花岗岩地貌景观研究 [M]. 北京：科学出版社，2013.

[8] 郑翰献，王骏 . 钱塘江诗词选 [M]. 杭州：杭州出版社，2019.

[9] 武旭峰，余治淮 . 西递宏村 [M]. 广州：岭南美术出版社，2006.

黄山风光 / 摄影 姚育青